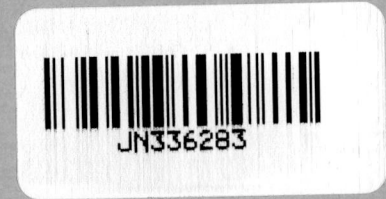

一生に一度だけの旅 GRANDE

大切な人と過ごす贅沢ステイ

モルディブ島はカップルにとってのパラダイス。面積の99%は海が占めている。

一生に一度だけの旅 GRANDE

大切な人と過ごす贅沢ステイ

ジャスミーナ・トリフォーニ Jasmina Trifoni
岡崎秀 訳 Hide Okazaki

NATIONAL GEOGRAPHIC

マサイマラでの夜明けのサファリ。アフリカの鼓動が聞こえてくる。

目次

はじめに

大切な人と至福の旅に出よう！

19世紀末、結婚したばかりの英国人カップルは太陽がふりそそぐ南フランスへ旅行に出ることが多かった。フランス人にはなじみのない風習で、彼らはこれを“英国流の旅”と呼んだ。新婚カップルはニースからマントンに至る小さな町の宿で、地中海の色と香りを胸いっぱい吸い込みながら数週間を過ごした。この旅行は彼らにとって大きなイベントだった。なぜなら当時の旅は長く、苦労も多く、予想外の出来事も次々に起こったからだ。しかしそれだけではない。結婚生活をスタートさせる方法として、ハネムーンに出るのは素晴らしく斬新なアイデアだと考えられたからだ。

ハネムーンという言葉は古代バビロニア時代にさかのぼる。結婚後の1カ月を意味し、その間、新婚カップルは催淫効果があるとされるハチミツ水液を飲む風習があった。今日、ハネムーンというとロマンチックな旅行を連想するが、このような形式の旅行は比較的最近に始まったものだ。おそらく19世紀、厳格なビクトリア女王の時代だろう。当時、もっとも人気があった旅先はフランス。英国人にとって情熱を意味する土地だ。その次がイタリアのおおらかで芸術的な町、ベネチア、トスカーナ、ナポリ湾界隈などだった。

おずおずと出かけた初期の旅から100年以上が経ち、今では新婚旅行に行かないことの方が奇妙に思われる。でも結婚生活が正式に始まる時点で旅行に出なければならないわけではない。

大切な人と旅に出るなら、どのようなきっかけでもいい。お互いをより良く知り合うための旅。もしくは夢のようなセッティングで2人の愛を祝う旅、あるいは関係を修復するための旅…。世間から離れ、友人や家族だけの時間を存分に楽しむ旅もいいだろう。

行き先は無数にある。まずははるか彼方のフランス領ポリネシアから紹介することにしよう。鮮やかなサンゴに囲まれたボラボラ島は世界でもっともロマンチックで美しい島だと世界中の意見が一致しているからだ。

セレブがお忍びで行くような場所や誰にも知られていない秘密の場所を紹介し、大きな夢を描いてもらうことがこの本の目的だ。カリブ海やインド洋の島々の白い砂浜、人気のスキー場、芸術の都、ヨーロッパの静かな片田舎、アマゾンの熱帯雨林に囲まれた村、アフリカの自然保護区や国立公園。この本では地球上のすべての大陸から旅先を選んでいる。

『ロミオとジュリエット』のベローナ、愛する人への世界最大のオマージュであるインドのタージ・マハルなど、有名な愛の物語のセッティングになった場所を選んでみてはどうだろう。スウェーデンのラップランドでは氷の世界を体験するマジカルな旅が待っている。オーストラリアの中心にある巨大な一枚岩のウルルを望むラグジュアリーなテントに泊まってみるのも楽しい。それとも米国西部の渓谷まで足を伸ばしてみるのもいいかもしれない。

また、この本ではさまざまな目的を満足させてくれる旅先を集めた。例えばグルメの旅ならフランスのシャンパーニュ地方。ブドウ畑やセラーを訪れ、極上のシャンパンをたしなむのはどうだろう。マッサージが好きなら一緒にタイのスパに行き、きめ細かな施術をしてもらう。船旅ならカイクやスクーナー船に乗ってトルコ沿岸のクルーズ、もしくはカリブ海をヨットで航行するのがいい。またはエジプトの伝統的帆船ダハビヤに乗ってナイル川を航行することもできる。フランスの作家フローベールがエジプトに夢中になったのは、ダハビヤに乗ったことがきっかけだったという。

旅先で味わう感動もまたこの本のなかで伝えようとした。例えばナミビアの砂丘や、岩塩で覆われたチリのアタカマ砂漠のただ中で覚える感動。ブータンへ行くと仏教文化は幸福を分かち合うものだと教わり、マヤ文明と接する旅は視野が広がる。ギリシャのサントリーニ島で夕日を浴びながら結婚式を挙げるのはどうだろう。もしくはオーストラリアのグレート・バリア・リーフのハート形をしたリーフの上空で、彼女に婚約指輪を差し出したなら…。

建築家ミース・ファン・デル・ローエが残した「神は細部に宿る」という言葉にならって、それぞれの旅先でとびきりのリゾートを紹介したのも大きな特色だ。デザイナーズホテルだったり、帆船だったり、きらめく星空の下のキングサイズベッドだったりと、ロマンチックな旅のパーフェクトな隠れ場所を選んだ。日常では味わえない贅沢な時間が流れる場所ばかりだ。

結婚式直後の正式なハネムーンであれ、情熱的な週末を過ごす旅であれ、人生でもっともすてきな旅になることは請け合いだ。この本をめくりながら、その旅に想いをめぐらせ、計画を立ててみる。あとは最後のディテールを決めるだけ。その経験を誰とシェアするかだ。

旅行ジャーナリスト

ジャスミーナ・トリフォーニ

Chapter 1 » アジア・太平洋

Chapter 2 » ヨーロッパ

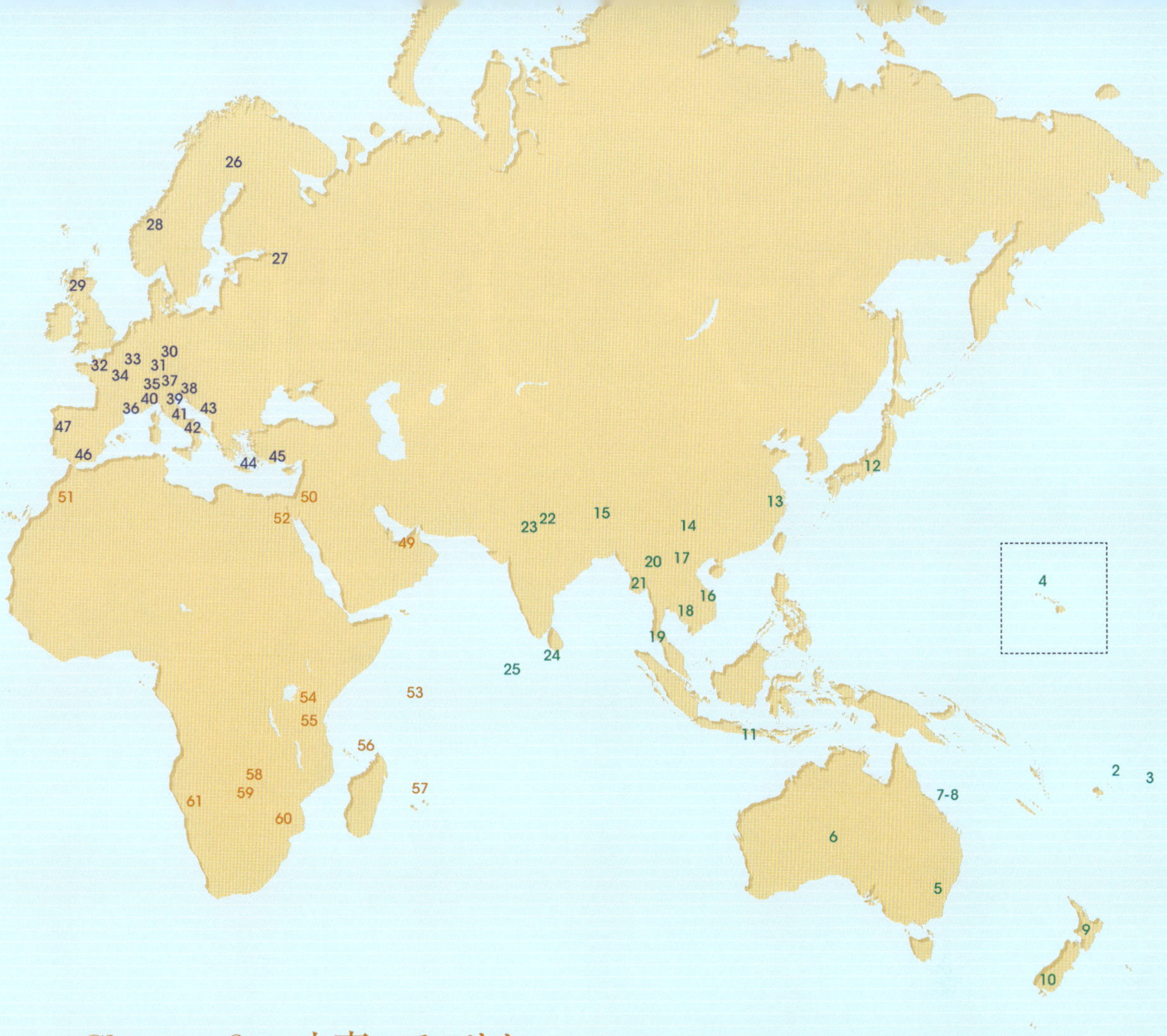

Chapter 3 » 中東・アフリカ

Chapter 4 » 米州

Asia & the Pacific Ocean

アジア・太平洋

ボラボラ島（フランス領ポリネシア）
バヌアレブ島（フィジー）
ババウ諸島（トンガ）
カウアイ島（米国）
ブルー・マウンテンズ（オーストラリア）
ウルル（オーストラリア）
ハミルトン島（オーストラリア）
ワン&オンリー・ヘイマン島（オーストラリア）
タウポ湖（ニュージーランド）
クイーンズタウン（ニュージーランド）
バリ島（インドネシア）
京都（日本）
杭州（中国）
雲南省（中国）
ブータンの谷（ブータン）
ホイアン（ベトナム）
ルアンパバーン（ラオス）
アンコール（カンボジア）
クラビ（タイ）
チェンマイ（タイ）
エーヤワディー川（ミャンマー）
アグラ（インド）
ジャイプル（インド）
ゴール（スリランカ）
モルディブ島（モルディブ）

Chapter 1

» フランス領ポリネシア

ボラボラ島

鮮やかなサンゴに囲まれた南太平洋に浮かぶ夢の島。

飛行機の窓からボラボラ島をひと目見ただけで、その美しさに圧倒されてしまう。

ボラボラ島は、透明なターコイズブルーのラグーンに囲われている。

ポリネシア人にとって、ボラボラ島は最高神タアロアがこの世に送り出した“第1子”である。系譜を度外視するとしても、1777年ジェームズ・クックがボラボラ島に上陸して以来、ボラボラ島を訪れた何千万人の観光客にとって、ここは世界でもっとも美しいとされる島だ。

パーフェクトという言葉以外にこの島を表す言葉を見つけるのは難しい。南太平洋という楽園に浮かぶボラボラ島は、その地勢や姿形においてまさに夢の島といえる。約36km^2の陸地は300万年前に起きた火山の噴火によって生まれた。黒い溶岩のオテマヌ山とパヒア山はその時代のなごりで、遠くから見るとおとぎ話の城のようだ。島には香り高い植物が生い茂り、その回りをターコイズブルーのラグーンが囲っている。その先には小さい島がネックレスのように連なっている。現地語で「モツ」と呼ばれるサンゴ色の砂でできた小島だ。回りの堡礁（バリア・リーフ）には鮮やかなサンゴと700種類もの魚が生息し、まるで宝石のような世界だ。

もっとも大きなモツには飛行場が整備され、他の島には豪華なリゾートが建っている。建物は葉葺き屋根が特徴の「ファレ」と呼ばれるポリネシア風のバンガロースタイルだ。海の上に建つ水中バンガローは特にロマンチック。広いテラスの床にはガラスパネルがはめ込んであり、海のなかの様子をのぞける。どのリゾートも優劣つけがたい魅力があり、ここでの滞在は一生の思い出になるだろう。花に囲まれ、伝統的な踊りも伴った、リラックスした雰囲気のポリネシアンスタイルの結婚式を挙げることもできる。

モツ・テホツにある「フォーシーズンズ・リゾート・ボラボラ」で提供される特別な朝食サービスは、カップルには大人気だ。豪華なトロピカルスタイルの朝食がアウトリガーカヌーで海から運ばれ、ハイビスカスの髪飾りを付けた2人のポリネシア人が、先祖伝来の貝の楽器を吹いてカヌーの到着を告げる。

ボラボラ島の1日はこのようにして始まる。その後、ビーチでリラックスするのが目的なら、ぜひモツ・タプまで足をのばしたい。南太平洋でもっとも写真撮影される回数が多い島だ。海ではカヤックに挑戦したり、カタマランに乗って夕日をながめたり、シュノーケリングしながら巨大なエイと泳いだり、無害な鮫に餌付けをしたりと、さまざまに楽しめる。

標高727メートルのオテマヌ山はボラボラ島でもっとも高い山。パヒア山とともに数百万年前、島にそびえ立っていた大きな火山のなごりだ。

ボラボラ島では、ぜひダイビングに挑戦してみたい。バリア・リーフでは豊かな色彩と群れなす生き物たちの光景に目を見張ることだろう。

見どころと滞在

▶ 水晶のように透明なラグーン、きらめく白砂、緑に輝く植物。ボラボラ島は世界でもっとも美しいとされる島だ。贅沢な「フォーシーズンズ・リゾート」に入った瞬間、バカンスが永遠に続くことを願うだろう。

宿泊 Four Seasons Resort Bora Bora ▶ www.fourseasons.com/borabora

▶ 葉葺き屋根が特徴の「ファレ」は、タヒチ固有の建築様式だ。

▶ 現地語で小島は「モツ」(motu)と呼ばれるが、その回りのバリア・リーフには、鮮やかなサンゴと700種類もの魚が生息する。

ポリネシア固有のオグロオトメエイがラグーンの透明な水でエレガントに泳ぐ姿にはうっとりさせられる。

一方、陸でのアクティビティーなら、ココヤシ農園や森のハイキング、山登りなどを楽しむことができる。ポリネシアの文化を知りたいならば、海岸線に点在する「マラエ」と呼ばれる古代の石の祭壇を訪ね歩くことだ。ショッピングをするなら、ポリネシア産の真珠でできた宝飾品を愛する人へのプレゼントにするチャンスといえるかもしれない。その玉虫色の光沢には薄いグレーから炭のような黒まで、さまざまな色合いがある。世界でもっとも美しい島の思い出を永遠に忘れないものにしてくれるはずだ。

バヌアレブ島にある「ジャン＝ミッシェル・クストー・リゾート」。

» フィジー

バヌアレブ島

豪華なリゾートに泊まり島めぐりを楽しむ。

南太平洋症候群を新しい病気として医学書に加えるべきではないだろうか。フィジーを訪れ、ここから永遠に去りたくないと思った人がかかる病いだ。約330の火山やサンゴの島から成るフィジー諸島には、ヤシの木に縁取られた白い砂浜とロマンチックなラグーンがある。当時の若者たちをうっとりさせた映画『ブルー・ラグーン』に登場したのとまったく同じようなラグーンが目の前に広がっている。

『キャスト・アウェイ』はバヌアレブ島で撮影された数多くの映画のひとつだ。この映画のトム・ハンクスのように島の近くで難破し、海に潜ったり、迷路のようなサンゴ礁を探検したりしながら暮らすことを夢想する人も多いだろう。ちなみにここのサンゴ礁は世界で３番目に大きい。

バヌアレブ島で突然の雨に襲われてもさほど不快ではない。森のなか、火山の頂き、のどかな風景のなかで雨宿りし、現地の親切な人たちと出会うのはいい体験だ。きっと赤唐辛子の根っこでつくったメラネシア特有のお酒、カヴァをごちそうしてくれるだろう。これは友情のしるしだ。

19世紀、西洋の船乗りたちはメラネシア人のことを“地球上もっとも野蛮な人種”と評した。当時はまだ食人の習慣が残っていたので、一理あるかもしれない。しかし今日では、フィジー観光局が掲げるモットー「幸せがやって来る島、フィジー」「笑顔あふれる楽園」がフィジーの雰囲気を的確に表している。

その笑顔をつくり出している1人がジャン＝ミッシェル・クストーで、伝説的な海底探検家ジャック＝イヴ・クストーの息子だ。彼はフィジー諸島でもっともラグジュアリーかつエコなリゾート「ジャン＝ミッシェル・クストー・リゾート」をバヌアレブ島に設立した。ココナツ畑のただ中、青い海を目の前にした25の“ブレ”と

見どころと滞在

▶ バヌアレブ島ではご多分にもれず、いろいろなアクティビティーが用意されている。なかでも海洋生物学者に付き添われたシュノーケリングやダイビングは絶対におすすめだ。
▶ ジャン＝ミッシェル・クストーがつくったリゾートは、25の“ブレ”と呼ばれるフィジーで伝統的な建物に滞在する。
宿泊 Jean-Michel Cousteau Resort ▶ www.fijiresort.com
▶ リゾートのマッサージスタジオもブレのなかにある（19ページの写真上）。屋根はヤシの葉葺き。気持ちよい潮風を感じながら、ココナツオイルのマッサージを受ける。

ダイビングでもぐれば、そこはもうサンゴ礁が連なる別世界。

引き潮のときはバヌアレブ島から無人島のナビアビア島まで歩いていける。夕日の彩りが海に映る光景はこの上なく美しい。

呼ばれるヤシの葉葺き屋根の伝統的なバンガローから成るリゾートだ。

何もしないで過ごすために、小さなナビアビア島へ連れていってもらうのもいい。リゾートから数百メートルしか離れていないこの島を2人だけで1日中借り切ってしまうこともできるのだ。それともココナツオイルを使った伝統的なマッサージを受けて1日をのんびりと過ごすオプションもある。ほかにもいろいろなアクティビティーが用意されている。例えばシュノーケリング、あるいは酸素ボンベをつけて海中の「サンゴの庭」をめぐるダイビングは決して逃してはならない。これにはリゾート専属の海洋生物学者が付き添ってくれる。

ビーチを離れて島の豊かな自然を味わいに出かけるのもいいし、大きな町サブサブの活気あふれた市場を訪れるのも楽しい。ここでは現地の色彩と、インド人や中国人の移民がもたらしたスパイスの香りが溶け合う。夜はロボというフィジー風の宴席で、官能的なメケという踊りを楽しむことができる。透き通ったラグーンに渡された小さな桟橋の上で、2人だけのロマンチックなディナーを味わうという素晴らしい愛の瞬間を体験することも可能だ。

リゾートのマッサージスタジオがあるフィジーの伝統的建物ブレ。

サブサブビーチの青いラグーンに突き出た桟橋で、ロマンチックなキャンドルディナー。

飛行機でババウ諸島に近づくと、それぞれの島が小さな天国のように見える。

» トンガ

ババウ諸島

バカンスはヨットに乗って優雅に過ごそう。

トゥイ・マリラは1965年に188歳でこの世を去るまで、トンガ王国のシンボルのような存在だった。トゥイ・マリラは1777年7月、ババウ諸島に上陸したキャプテン・クックが王様に献上したホウシャガメだ。ちょうどそのとき、作物を王に献上する祭りの真っ最中だった。そのタイミングが幸いしたのか、それともプレゼントのおかげだったのか、クックは手厚い歓迎を受けた。そしてこの王国を「フレンドリー諸島」と呼んだ。ほかの南太平洋の島では攻撃的な態度に悩まされていたクックだったが…。

その後、ここに来た西洋人のなかにはクックほどの幸運に見舞われなかった人もいた。百年ほど前までトンガでは人食の風習があり、19世紀半ばトンガ人に捕まった米国船のクルー全員にこの運命が待ち受けて

ババウ諸島ではヨットで島めぐりを楽しもう。

ババウ諸島の周辺の海では7月から11月の間、クジラと一緒に泳ぐことができる。

いた。唯一助かったのはある酋長に気に入られ、嫁に求められたエリザベス・モスリーという女性だった。トンガは太平洋で唯一、どの国にも植民地化されなかったところだ。

しかしこれは過去の話であって、今はそのような心配はまったくない。現在トンガ王国はバカンスで訪れる観光客を温かく迎えてくれる。トンガは4つの諸島に分かれているが、何といってもババウ諸島が最高だろう。50ほどの島があるが、ほとんどは無人島だ。40メートルもの透明度を誇る海には多様な生物が暮らし、海の色合いは変化に富んでいる。ヨットのバカンスを南太平洋で送るなら、トンガが最高だと評されるのも納得できる。

ババウ諸島めぐりにヨットをチャーターするなら、ニュージーランドのモアリングス社がクルー付きで最高のサービスを提供してくれる。クルージングはおよそ10日間でカパ島、ケヌツ島、モウヌ島、ヌク島などをめぐる。それぞれの島で上陸して村を訪れ、地元の文化を楽しんだり、海沿いの洞窟を探検したり、ヤシの木が生える真っ白なビーチでくつろいだりできる。ラグーンに囲まれた無人島では、ロビンソン・クルーソーになった気分を味わいながらトロピカルフルーツをもぎ取り、息を呑むほど美しい夕日を眺めることができる。もちろんシュノーケリングもできるし、バレリーナのような動きをするマンタと泳ぐことも可能だ。7月には8000キロ離れた南極からクジラが出産のためにやって来て、離乳期の11月までをここで過ごす。この期間はクジラたちと一緒に泳ぐことができる。ここでしかできない体験だ。

見どころと滞在

▸ ババウ諸島には50の島々があり、海中のサンゴ礁は信じられないほどの彩りに満ちている。ヨットの上から眺めると、その素晴らしさがもっとよく分かる。

▸ ババウ諸島めぐりはクルージングで楽しめる。10日間でカパ島、ケヌツ島、モウヌ島、ヌク島などを航行する。

宿泊 クルージングなどを提供するモアリングス社 The Moorings ▸ www.tongasailing.com

▸ クジラと一緒に泳げるのは、世界中でババウ諸島の周辺の海だけだ。南極からやって来たクジラは7月から11月まで、出産と離乳の期間をここで過ごす。

「セント・レジス・プリンスビル・リゾート」から見る夕日。

» 米国

カウアイ島

野性的で原始的な風景に心をゆだねる。

ハワイでは、派手なアロハシャツをまとった観光客であふれるワイキキは忘れたほうがいい。サーファーが集まるマウイ島のパーティーにだって行く必要はない。それよりハワイの有名な島を飛び越し、隠れた穴場（少なくとも現時点では）カウアイ島まで行ってみよう。

カウアイ島の地形を目にすると、ここがあまり人に知られていない理由が分かる。島の北部にあるナ・パリ・コーストのめまいがするようなパノラマ風景を見下ろす断崖絶壁、島の中心の長さ20キロ、最深で850メートルあるワイメア渓谷。ゆっくり、休み休み探索していくのがこの島に合っている。この島にふさわしいのが、ハウと呼ばれるハイビスカスの花だ。この花は1日に数回色を変える。朝は薄い黄色、正午はオレンジ色、夕方は濃い赤となって夜を迎える準備をする。

歴史を振り返ると、カウアイ島には理解に苦しむ奇妙な事実が目につく。西暦500年ごろ、カウアイ島はハワイ諸島ではもっとも早い時期に人が住みついたのに、現在はハワイ諸島のなかで（少なくとも大きな島のなかでは）もっとも人間の影響が少ない島だ。カウアイの人々によると、ハワイの神話に登場するいたずらな小人メネフネが人間を遠ざけているそうだ。しかし、もっと理性的な理由を探すなら、この島の野性的で原始的なまでの風景を損なわないため、ヤシの木より高い建物を造ることが法律で禁止されているからだ。

ホノルルでは高層ビルが立ち並ぶが、カウアイ島には海沿いに数えられるほどのリゾートしかない。すべて高級で環境に配慮したリゾートだ。そのなかでも「セント・レジス・プリンスビル・リゾート」はさりげない気品を備え、建物と自然が完全に解け合っている。

カウアイ島には人を虜にさせる「何か」がある。「シダの洞窟」では、それをはっきり感じることができる。ここには豊穣の神であるロノが宿ると信じられていた。恋人に婚約指輪を渡すにはもってこいの場所だ。

ここに注目

黄金色の砂浜

ロマンチックなスポットといえば、島の南側の海岸線を占める黄金色の砂浜ココナッツコーストだろう。1961年、当時の若い女性の心を奪ったエルビス・プレスリー主演の映画『ブルー・ハワイ』のシーンの多くが撮影された場所だ。宿泊先の「セント・レジス・プリンスビル」は下記を参照。

宿泊 St Regis Princeville Resort ▸ www.stregisprinceville.com

太平洋を臨むナ・パリ・コーストと背後にそびえ立つ断崖は圧巻だ。

» オーストラリア

ブルー・マウンテンズ

神秘的な気候現象と眼前に広がる尖峰・渓谷に圧倒される。

広大なブルー・マウンテンズ地域はユネスコの世界遺産に登録されている。

恐竜と同じように絶滅したと思われていたウォレマイ・パインの発見は、植物学における20世紀最大の発見だとされている。1994年9月、当時ニュー・サウス・ウェールズ州国立公園野生生物局の保護官だったデビッド・ノーブルがブルー・マウンテンズの渓谷や森をめぐり歩いていた際、突然魔法のようにウォレマイ・パインが目の前に現れた。

これはとてつもなく幸運なことだ。なぜなら人口密度の高いニュー・サウス・ウェールズ州に位置するブルー・マウンテンズは、オーストラリアのなかでもっともアクセスがよく、人気が高い自然スポットだからだ。ウォレマイ・パインが発見された渓谷はシドニーから150キロしか離れていない。

しかしブルー・マウンテンズはそれ自体が魔法の土地だ。夏に気温が上がると、ユーカリは香り高い油の微粒子を空中に放出する。それが太陽光線を浴びて化学反応を起こし、紫外スペクトルが屈折して青色に映る。それがブルー・マウンテンズの名前の由来だ。そして春と秋にはファントム ・フォールと呼ばれる神秘的な現象が起きる。湿度の高い状況で一定の条件が

リゾート施設からも大自然を体感することができる。

揃うと、霧のカーテンが秒速20メートルで滝のように落下する。約800メートル幅の滝は、数分間流れることもあれば、数時間流れ続けることもある。そして急に姿を消す。

ブルー・マウンテンズ地域の面積は100万ヘクタールで、8つの国立公園と自然保護区によって守られている。数百万年におよぶ浸食によって形づくられた尖峰や渓谷、滝（幻ではなく水が流れる本当の滝）、多種のユーカリが生息する神秘的な森がその景観を特徴づける。地面の下には探検にもってこいの入り組んだ洞窟の迷路がある。動物相も豊かだ。グレーカンガルー、ワラビー、コアラ、ウオンバットを中心に、52種の哺乳類が生息している。

ここには数千年間、先住民のアボリジニが住んでいたので、洞窟画など貴重な文化遺産が数多く残っている。またシドニーに近く、いろいろなアクティビティーを楽しむ週末の旅行に格好の場となっている。エキサイティングなスポーツならロッククライミング。ロマンチックな雰囲気を味わうなら、歯軌条鉄道に乗って景色を堪能したり、2人で魅惑的な谷をハイキングしたりできる。野外で催されるシドニー・シンフォニー・オーケストラのコンサートの最前列の席を予約するのもいい。

離れた場所で数日過ごしたいなら、ブルー・マウンテンズには自然に囲まれたリゾートがいろいろある。そのなかでも「エミレーツ・ウォルガン・バレー・リゾート&スパ」は、もっとも人里離れたところにあるラグジュアリーなリゾートだ。まるでジュラシック・パークを連想させるような素晴らしい景色に囲まれ、プライベートプールを備えたスイートルームが40室ある。さらに有史以前から存在するウォレマイ・パインが100本以上も生育する“秘密”の渓谷からさほど遠くない距離にある。

見どころと滞在

▶ ブルー・マウンテンズは、シドニーから車でたった2時間。オーストラリアのなかでもっともアクセスがよく、人気が高い自然スポットだ。

▶ 景観は見ごたえがある。数百万年におよぶ浸食によって形づくられた尖峰や渓谷、滝、多種のユーカリが生息する神秘的な森がある。

▶ 人里離れた「エミレーツ・ウォルガン・バレー・リゾート&スパ」は、周囲の生態系に配慮したエコロジカルなラグジュアリー・リゾート。

宿泊 Emirates Wolgan Valley Resort & Spa ▶ www.wolganvalley.com

伝説の奇岩スリー・シスターズはブルー・マウンテンズの象徴となっている。

» オーストラリア

ウルル

夜明けと夕暮れの風景は幻想的でスリリング。

赤みを帯びたウルルは、天地創造の神話と結び付いた「赤い中心」。

この世の初めに存在したものは「ジュクルパ」、夢の時間だ。地球は平らで空虚、光も闇もなく、聖なる先祖の魂が形と命を吹き込むのを待っていた。そして聖なる先祖がウルル、つまり「赤い中心」をつくり、それ以降、ウルルは世界で起きることを見つめ続けている。これはオーストラリアの先住民族、アボリジニのアナング族に伝わる天地創造の神話で、彼らにとってウルルはもっとも神聖なシンボルである。エアーズロックという名前でも知られているが、この名前はここを“発見”した英国の探検家ウィリアム・ゴスによってつけられたものだ。

今ではアナング族がウルル＝カタ・ジュタ国立公園を所有し管理している。彼ら以外の人にとってはオーストラリア奥地にある天然記念物にすぎないウルルを自分たちの手で保護し、一般の人々が登らないように見守っている。彼らにとって聖地を汚す行為だからだ。

高さ348メートル、周囲9.4メートルの一枚岩の砂岩は砂漠に突き出ているかのように見える。実際には氷山と同様、岩の大半は地面の下にあるのだが、見える部分だけでも並外れたインパクトを与える。

ホテルの「ロンギチュード131°」は世界遺産（複合遺産）に登録された大自然の玄関口にある。

この巨大な堆積岩は約3億年前に現在の形になった。鉄分を多く含んでいるので、酸化して赤みを帯びたオレンジ色に変色した。夜明けと夕暮れ時に太陽が当たると、ウルルは燃えるような赤色に輝き、空はこの世のものとは思えないスペクタクルを繰り広げる。短い時間ながらこの風景がもっともスリリングに映るときだ。

旅行家であり作家である英国人のブルース・チャトウィンもこの光景に魅せられ、著書『ソングライン』をウルルとアボリジニの神話にささげた。彼はアナング族を尊敬し、軽い足取りで大地を歩む人たちだと評した。地球から奪うものが少なければ少ないほど、地球に戻すものも少なくてすむのだ。

この言葉を心にとどめて、アナング族の先祖の人々が生きた地の夢を味わってみよう。ウルルはもちろんのこと、外国名のオルガ山で知られているカタ・ジュタ（「多くの頭」という意味を持つ奇岩群）を訪れる場合も、この国立公園の聖地に設けられた規則を守るべきだ。また壮大なウォルパ渓谷に行くならば、ぜひともこの地に関する興味深い地学の歴史を学びながら歩きたい。

アナング族の精神性とエコロジカルな哲学を尊重した贅沢でロマンチックな宿が「ロンギチュード131°」。環境にまったく負荷をかけないように、「グランピング・スタイル」を導入したリゾートだ。グランピングとはグラマーとキャンピングを掛け合わせた言葉だ。それぞれのテントは初期の探検家または開拓者の名前がついていて、ガラス窓越しにウルルを臨むことができる。宿泊客は目覚めとともに、ウルルが朝日に輝く姿を見ることができる。「ロンギチュード131°」という名前はウルルの地理的座標に敬意を表してつけられた名前だ。

見どころと滞在

▸ アボリジニにとってウルルは天地創造の神話と結び付いた「赤い中心」だ。ここを訪れる者は敬意を払わなければならない。

▸ ホテル「ロンギチュード131°」では、オーストラリアの奥地の静けさや砂漠の美しさに浸りながら、無限の時間が流れる歴史を感じることができる。豊かな文化遺産を見学するにもよいロケーションだ。

宿泊 Longitude 131 ▸ longitude131.com.au

▸ 時間があるなら、奇岩群のカタ・ジュタ（オルガ山）やウォルパ渓谷にも足を伸ばしてみたい。

ラクダに乗ってアボリジニの聖地であるウルル＝カタ・ジュタ国立公園に出かける。特に日没時には景色は魔法のような彩りに燃え立つ。

「ロンギチュード131°」の名前はウルルの地理的座標に由来する。

“ウルルで無限の時間を体験しよう”

宿泊客は絶えずウルルの存在を強く感じ続ける。デューンハウスで食事をしていても、プールで泳いでいても、砂丘の上で風景を眺めていても。

現代的でゆったりしたテントの内装。それぞれのテントはこの地域を探検したヨーロッパの探検家にささげられている。歴史的な記録文書や装飾品のほかに、アナング族の作品や工芸品も飾られている。

ウィットサンデー島のホワイトヘブン・ビーチでは真っ白なシリカサンドが7キロも続く。

» オーストラリア

ハミルトン島

グレート・バリア・リーフに行くならお勧めの滞在地。

グレート・バリア・リーフの上空を飛行していたエア・ウィットサンデーのパイロットが偶然にハートリーフを発見したのは1975年のことだ。直径16メートルしかないサンゴ礁の小さな島だが、発見以来、このハート形の島はオーストラリアのロマンチックシンボルとなった。オーストラリア滞在中、恋人にプロポーズする予定なら、ぜひハートリーフの上を飛ぶフライトを予約することを勧める。ハートリーフの脇のハーディー・ラグーンにさしかかり、パイロットから合図があったら、そのときこそが彼女に婚約指輪を差し出すタイミングだ。

そのあと、水上飛行機はフックリーフとベイトリーフに機首を向け、ホワイトヘブンの脇のターコイズブルーの水面に着水する。世界でもっとも美しいビーチでシャンパンつきのランチの時間だ。ちょっと感傷的だと思う人もいるかもしれないが、驚くほど多くの男性が試し、“イエス”という答えを100%得ている。ウィットサンデー諸島はこのような贅沢が似合う場所だ。

ウィットサンデー諸島には74の島があり、ハミルトン島はその中心に位置する。面積は$5km^2$しかないが、ここはオーストラリアの熱帯地域を凝縮したミクロコスモスだ。素晴らしいビーチがあり、生き生きした自

「クオリア・リゾート」では、心をリラックスし、五感をくまなく解放するよう細心の注意が払われている。

ウィットサンデー諸島に行くなら、小型飛行機でグレート・バリア・リーフの上空を飛び、パノラマのような景色を見下ろすロマンチックなフライトを体験したい。

然環境のもとでコアラやワラビーを間近に見ることができる。そして専門家や宿泊客によってオーストラリア最高のラグジュアリー・リゾートに選ばれた「クオリア・リゾート」に滞在できる。

ここのオーナーは伝説的な人物、ヨットマンでありワイン生産者でもあるボブ・オートリー。クオリアには独立したパビリオンが60戸あり、小型プールが備わった部屋もある。建物は周囲の目を見張るような熱帯植物のなかに溶け込んでいる。コンシエルジュは2人のために心ときめくプランを立て、シュノーケリングやダイビング、ヨットの小旅行など島々のどこへでも連れていってくれる。また6月から9月まではクジラがグレート・バリア・リーフに集まるので、ホエールウォッチングのツアーも楽しめる。

ハミルトン島はスタイリッシュなショッピングや夜のエンタテインメントを提供してくれるが、その他の島々はパラダイスそのものだ。ウィットサンデー・ンガロ・シー・トレイルは古代から先住民が移動の際に使っていたルートで、これを辿りながらサウス・モール島やフック島、最大の島であるウィットサンデー島などをめぐることができる。島と島の間の距離は短いので、簡単にボートで行くことができる。島ではトレイルの標識もはっきりしているし、設備も整っているところが多い。短いトレイルで200メートル、長いもので7キロ程度。美しい熱帯雨林や古代の洞窟画、滝などをめぐり、もちろん真っ白なビーチに抜ける道もある。水上飛行機を利用するにしても（指にリングをはめた恋人と供に）、カヌーを利用するにしても、ウィットサンデー島のホワイトヘブン・ビーチは息を呑むような美しさだ。シリカサンドが98パーセントを占める砂は、日の光のもとでダイヤモンドのように輝いている。

見どころと滞在

▸ ウィットサンデー諸島に行くなら、小型飛行機でグレート・バリア・リーフの上空を飛び、壮大な景色を見下ろすロマンチックなフライトを体験したい。

▸ ウィットサンデー諸島では、生き生きした自然環境で、コアラやワラビーを間近に見ることができる。

▸「クオリア・リゾート」は、オーストラリアでもっとも洗練されたリゾートと評判が高く、建物は熱帯植物のなかに溶け込んでいる。

宿泊 Qualia Resort ▸ www.qualia.com.au

熱帯植物で覆われたヘイマン島はまさにカップルのためのエデンの園。

» オーストラリア

ワン&オンリー・ヘイマン島

南国のひとときを夢の隠れ家のような島で過ごそう。

メガネモチノウオは大柄で迫力のある魚だ。体は玉虫色でターコイズブルーからアクアマリーン、明るい緑色から繊細なピンクグレーまでさまざまだ。そこに細い黄色い線が交差している。整形手術を受けたような厚い唇。マスクとフィンをつけたきれいな女性を見つけると、その唇でキスをすると言われている。メガネモチノウオはグレート・バリア・リーフのウィットサンデー諸島の北端にあるヘイマン島のブルー・パール・ベイの岩かげ、サンゴ礁、岩礁などに生息する。

ヘイマン島は間違いなく、ウィットサンデー諸島のなかでもっとも快適な島だ。恋人と一緒に宝石のような島を訪れ、ブルー・パール・ベイでメガネモチノウオと出合う機会に恵まれ、すぐ近くの天国のようなラングフォード島のまっ白な砂浜を歩いたら、人生でこれ以上に望むものはないと思ってしまうかもしれない。

ヘイマン島でバカンスを過ごすのは、まさに特権と

豪華なベッドルームのすぐ外にあるプールは、夜のひと泳ぎへ誘う。

青と白のビーチパラソル(海と砂の色と同じだ)はラングフォード島が自分の領土であることを示す旗のようだ。少なくともこの1日限りは…。

いってもいいほどの贅沢といえる。この島はキャプテン・クックに発見されて以来、諸島のどの島より有名になるよう運命づけられていたようだ。ヘイマン島という名前は19世紀末、スエズ運河の開通式で先頭を切って運河を渡った船の船長トーマス・ヘイマンにちなんでつけられた。ヘイマンはその後、南極を一周する危険な航海に成功している。

2014年7月1日、ヘイマン島はホテルマネジメントのリーダーであり、最高級リゾートを運営するワン&オンリー・リゾートの手に渡った。すべてが完璧に整ったヘイマン島は夢の隠れ家のようだ。上品なスイート、楽園のような庭、最高級の料理、スパ、水上飛行機で出かける小旅行。それだけでなく、海の中でメガネモチノウオとキスするなど、ロマンチックなアクティビティーもいろいろ揃っている。

ここに注目

高級リゾート

オーストラリアの航空業界の先駆者レジナルド・アンセットが1947年にヘイマン島を購入し、3年後ロイヤル・ヘイマン・ホテルを開業。その直後に英国の王と女王を迎える栄誉を得た。過去60年間、島の所有者は移り変わったが、新婚旅行を過ごす高級リゾートとして、また、世界の権力者の秘密会議が行われる場所として有名になった。1995年、英国の新しい労働党の党首だったトニー・ブレアがオーストラリアのメディア王ルパート・マードックと会い、選挙協力を獲得したのもここだった。

宿泊 One&Only Hayman Island ▸ www.hayman.oneandonlyresorts.com

「フカ・ロッジ」の桟橋でロマンチックなディナーの準備ができている。ここはニュージーランド北島にあるもっともラグジュアリーなホテル。

» ニュージーランド

タウポ湖

北島の景勝地で自然とスポーツを満喫できる。

西暦186年のある日、突然ヨーロッパの空が真っ赤に染まった。当時のローマの年代記には神の怒りの印に違いないと記されている。実は地球の反対側のニュージーランド北島で起きた火山の噴火に由来する現象だと分かったのは何百年もたってからのことだった。この猛烈なタウポ噴火はタウポ湖の面積を大きく広げるなど、この地方の地形を決定的に変えた（実はタウポ湖はその7万年ほど前、さらに大きなオルアヌイ噴火によってできた湖だ）。タウポ湖は巨大なカルデラとなり、次第に水で満たされるようになった。より近年の噴火によってタウポ湖は内陸の海のようになり、今ではニュージーランドでも有数の美しい景色が広がる。

湖底の水温はまだ高い。50年前に起きた激しい地熱活動によって湖の北側の表面に裂け目ができ、そこから硫黄の蒸気が放出され続けている。泥がグツグツ煮えるクレーターも新たに現れた。

タウポ湖は先住民であるマオリ族の人々にとって、聖なる地だ。マイン・ベイ南端の断崖にはマオリ族の巨大な浮き彫り彫刻がある。号笛と南風の神の助けによって人々を島の中心に導いたマオリの神官（霊的指導者）ナトロイランギを描いた彫刻だ。

タウポ湖はさまざまなスポーツやエンタテインメント、ロマンチックな冒険を楽しめる場所だ。カヤック、ヨット、自転車やハイキングで雪を頂いた山や原生林などの風景を見に行くことができる。スカイダイビングやニュージーランド最長のワイカト川の急流でのラフティングなど、スポーツにも挑戦できる。

ワイカト川がタウポ湖に流れ込むところにフカ滝の絶景が広がる。その先には北島でもっとも贅沢な「フカ・ロッジ」がある。フカ・ロッジはロマンチックなバカンスには最高の場所で、1924年にフライフィッシングマニアのために創業された当時の雰囲気をそのま

見どころと滞在

▸ タウポ湖はマオリ族の人々にとって聖なる地。マイン・ベイ南端の断崖にはマオリ族の巨大な浮き彫り彫刻があり、訪れてみたい。

▸ タウポ湖に流れ込むワイカト川には、フカ滝の絶景が広がる。その先にニュージーランド北島でもっとも贅沢なホテル「フカ・ロッジ」がある。

宿泊 Huka Lodge ▸ www.hukalodge.co.nz

▸ トンガリロ国立公園の野性的で広大な自然保護区には、タウポ湖のほかにもマオリ族の聖地がいくつもある。

ワイカト川は林の中をゆっくり流れるが、少し上流のフカ滝の手前では急流だ。

ルアペフ山はトンガリロ国立公園を見下ろす巨大な火山。

ま残している。伝説の飛行士チャールス・リンドバーグはここに宿泊し、米国の作家ジェームズ・ミッチェナーは小説『楽園に帰る』の一部をここで書いた。釣りに興味がなくてもここでは思い出に残る日々（と夜）を過ごせる。心を和ませる川の音、チャーミングな庭の散歩、おいしい料理（ニュージーランドの最上質のワインがある）などを楽しめるだろう。

フカ・ロッジから2人だけの小旅行へ出かけることも可能だ。例えばヘリコプターでトンガリロ国立公園の火山をめぐったり、さらに足を伸ばしてカツオドリの保護区があるケープ・キッドナッパーズの海景色を堪能したりすることもできる。

カツオドリの求愛。海を見下ろすケープ・キッドナッパーズの崖からのショット。

標高2797メートルのルアペフ山のクレーターを空から見下ろすスリルに満ちたヘリコプター飛行。

» ニュージーランド

クイーンズタウン

ホビットの映画ロケ地となった大自然を探索したい。

アーンスロー・バーン山は世界的に有名になった映画『ホビット』3部作の第1部である『ホビット 思いがけない冒険』のもっとも神秘的なロケ地の1つだ。この山の巨大な岩壁に広がる氷河からは、多くの滝がうなり声をあげながら流れ落ちる。

クイーンズタウンは、ニュージーランド人が“世界の冒険の中心地”と名付けた町だ。ここからさほど遠くないところに、大ヒットした『ロード・オブ・ザ・リング』と『ホビット』の計6本のシリーズに使われたたくさんのロケ地がある。アーンスロー・バーンもその1つだ。これらの位置を示すGPS情報を載せたガイドブックが発売され、ファンタジーの世界を求めて宝探しに出かけるのが観光客の間で人気となっている。

これらの作品の監督は、ニュージーランド出身のピーター・ジャクソン。青春時代にJ・R・R・トールキンの長編小説を読んで以来、彼は自分の国、とくに野性的な南島をファンタジーの目で眺めるようになったと語っている。彼にとってニュージーランドは神秘に満ちた「中つ国」そのものだ。

クイーンズタウンから車で2時間半走れば、ワナカ湖や雪を頂く南アルプスの山脈（エベレスト初登頂に成功したエドモンド・ヒラリーがトレーニングした場所）、フィヨルドランド国立公園の驚くような自然がある。この国立公園はおよそ121万5000ヘクタールの面積があり、標高2723メートルの山や14の深いフィヨルド、多数の火山湖と小川があり、森はこの世離れしたシダで覆われている。

ニュージーランドの先住民であるマオリ族の人たちは、ここを「アタ・ フェヌア」（影の土地）と呼ぶ。雲が谷を覆い、めったに太陽が差し込むことがないからだ。動物では世界最重量の昆虫ウェタ（重さ71グラム）、1億年前に絶滅したとされる最古の爬虫類の生き残りであるムカシトカゲ（別名トゥアタラ）、唯一の山岳オウムのケアなどが生息する。

羊は数えきれないほどいて、常に風景の一部を成している。ニュージーランドの人口は約400万人だが、

クイーンズタウンの風景を包み込む夕日。ワカティプ湖の湖畔にあるこの町をニュージーランド人は“世界の冒険の中心地”と呼んでいる。

クイーンズタウンで冒険に満ちた一日を過ごしたあと、デラックスな「マタカウリ・ロッジ」のジャグジー（上）で雄大なワカティプ湖の景色を眺めながら体をリラックスできる。

「マタカウリ・ロッジ」からは雪を頂く南アルプスの嶺も見渡すことができる。

フィヨルドランド国立公園のミルフォード・サウンドに落ちるしぶきから完璧な虹が立ち上がる。

見どころと滞在

▶『ロード・オブ・ザ・リング』や『ホビット』の映画ファンなら一度は訪れたい町だ。周囲にはフィヨルドランド国立公園をはじめ映画のロケ地がたくさんあり、ニュージーランドの南島を代表する観光地に事欠かない。

▶“世界の冒険の中心地”と呼ばれるだけあって、クイーンズタウンを基点にいろいろなスポーツや冒険を楽しめる。

▶この町から近く、ワカティプ湖に面して建つ「マタカウリ・ロッジ」は自然を満喫できる憩いの場所だ。

宿泊 Matakauri Lodge ▶ www.matakauri.co.nz

ある種の藻のせいで水が紫に映える深いフィヨルド、そびえ立つ山々、森。これらがフィヨルドランド国立公園の夢のような風景を成している。

羊の数はその10倍だとされている。イタリアより少し広い国でありながら、人口はとても少ない。

雄大な自然、まるで修正した写真のような深い緑、ドライブしてもハイキングしても誰とも出会うことのない陶酔するような隔絶感。南島はまるでエルフやファンタジーの生き物の土地であるような印象を与える。夢の次元のバカンスを満喫するには、「マタカウリ・ロッジ」のロマンチックなスイートがぴったり。世界の果ての気分を味わえるが、もし町の生活が恋しくなったらクイーンズタウンまで車でたった7分で行ける。

夕日は海から見るのが最高。バリ島はエキゾチシズムと魔法の宝庫だ。

» インドネシア

バリ島

芸術家が多いウブドは熱帯のモンマルトル。

ランダはバリの神話に伝わる魔女だ。ゴワゴワした黄色い髪と威嚇的な長い舌が特徴だ。バロンはランダと戦う聖獣で獅子の姿をしている。これらがバリ島の叙事詩における悪と善の象徴であり、島のほぼ中央にある村ウブドのお寺では両者の間の戦いが毎晩上演される。ウブドには装飾豊かで幻想的なお寺がたくさんある。

劇は永遠に続き、ストーリーを追うのは難しいが、それにも関わらずお寺はバリの魂をつかもうとするツーリストで満杯になる。バリ島がこれほど有名になった理由は豊かな文化があることだ（1万7508の島があるインドネシア諸島のなかで群を抜いて人気がある）。1930年代にドイツ人の画家ヴァルター・シュピース、米国人の文化人類学者マーガレット・ミードなどによって世界に紹介された。シュピースは夢のような画面に洗練されたダンサーや静かな風景を描き、ミードは著書『バリ島人の性格』によってバリ島の魅惑的なイメージをつくりあげるのに一役買った。

ウブドは芸術家が多く暮らす村で、熱帯のモンマルトルのようなところだ。バリのビーチが有名になる以前から知られた場所だった。現在の文化人類学者たちの間ではバリ人の風習を研究することよりも、ここを訪れる西洋人を研究することに興味が集まっている。バカンスでやって来て、その後ここに居着いた人たちを対象とする「観光人類学」という新分野が発展したのだ。

バリ島の特徴は分かりやすい。島の北部には火山のアグン山があり、なだらかな起伏のある風景が続き、棚田やココナツ林、その間に小さな原生林が残っている。インドネシアは世界でもっとも人口が多いイスラム教の国だが、バリ島には仏教の要素を含む独特のヒンズー教が存在し、無数の素晴らしいお寺がある。

お寺の建築や雰囲気がリゾートにも活かされている。リゾートの庭にはラン、プルメリア、ショウガなど香

タナロット寺院はバリ島の象徴のひとつで、16世紀に海の神を祭るために建てられた。

り高い花が咲き、海とつながっているかのような錯覚を与えるインフィニティプール、そしてスパが完備している。バリ島のリゾートは伝統と現代のラグジュアリーを合わせた特有のスタイルを確立し、世界中で模倣されている。

バリ島には白い砂浜も透明な海もない。砂は黒い火山砂で、海は荒く潮の流れが速い。サーファーたちには好条件だが、一般のツーリストにとっては手強すぎる。海に飛び込む前に用心したほうがいい。それでもバリの海は十分に魅力的だ。ウルワツの崖の上、スミニャック、ヌサドュア半島、クタのビーチから恍惚とした想いで海を眺める、それがバリの海に適している。

リゾートを選ぶなら、どれも優雅でラグジュアリーなバリスタイルなので、ロケーションによって選ぶのがお勧め。スピリチュアルな雰囲気を求めるなら海からは離れているがウブド。ビーチが目的ならトレンディーなスミニャック。大切な人と過ごす2人だけのバカンスならタナロット寺院にも近い「アリラ・ビラズ・スーリ」が最高だろう。ここのビラは究極のロマンスとリラックスを提供し、プライベートプールも備えている。

見どころと滞在

▶ インドネシアはイスラム教の国だが、バリ島はヒンズー教で、無数の素晴らしいお寺がある。こうしたお寺の建築や雰囲気がリゾートにも活かされているのがバリ島の特色。

▶ タナロット寺院はバリ島の南西部、潮の流れによって形づくられた小島にある。神話によると、巨大なウミガメによって守られている。この近くにある「アリラ・ビラズ・スーリ」はリラックスできるビラだ。

宿泊 Alila Villas Soori ▶ www.alilahotels.com/soori

▶ 南端のブキット半島は、サーフボードで波と競い合う若いサーファーに人気がある。

蓮の花が浮かぶ池に囲まれたタマン・サラスワティ寺院。「ウォーターパレス」とも呼ばれ、ウブドの宝のひとつだ。

バリ島の南端にあるブキット半島を囲むリーフを空から撮った写真。まだ野生の姿を見せているが、もうじきラグジュアリーなリゾートが建つ計画がある。

「アリラ・ビラズ・スーリ」は豪華なリゾートで、敷地内はとても美しい。

» 日本

京都

旅館に滞在し日本の文化に触れる。

谷崎潤一郎が日本の美意識について『陰翳礼讃』に書いた言葉がある。

「そのほのじろい紙の反射が、床の間の濃い闇を追い払うには力が足らず、却って闇に弾ね返されながら…普通の光線とは違うような、それが特に有難味のある重々しいもののような気持がしたことはないであろうか」

彼はしばしば京都で「柊家」の旅館に滞在した。京都御所の近くの細い裏道に面した美しいこの日本建築の旅館は1818年に開業、現在は日本でもっとも有名な旅館のひとつに数えられる。懐石料理を味わった後、京都の旅館の畳の部屋で一夜を過ごすの

由緒ある「柊家」は祇園からさほど遠くないところにある。

は、外国の観光客にとって何物にも代え難い美的で文化的な体験だろう。

格式張った儀式に気後れせず、京都では身の回りで行われることを理解するよう努めてみよう。なぜなら794年から1868年まで日本の都だった京都は日本のほかのどの都市よりも日本の神秘的な側面を体現し、過去と現在（危ういほど未来に近いが）という一見共存しえないものが調和を保っている町だからだ。

京都では厳格さと詩的な雰囲気をたたえたお寺で哲学的瞑想にふけることができる。池に浮いているような印象を与える金閣寺、石庭で名を知られる龍安寺はぜひ訪ねたい。

京都の繁華街には任天堂のゲームの音が鳴り響く。しかし任天堂の本社から鴨川にかかる橋を渡れば、舞妓さんで知られる古い祇園の町並みが現れる。美しさと洗練さを極めた着物姿の舞妓さんが石畳の小道を歩く姿を見かけるかもしれない。

京都は150万人が暮らす忙しい大都市だが、町から数キロ離れると静かな田園風景が広がっている。山のなかの伏見稲荷大社では無数の鳥居が立ち並ぶ参道をめぐることができる。大原には小さなお寺が数々あり、春は桜の花吹雪、秋は紅葉した木々が美しい。日本文化はこれら季節特有の風景をこの世のはかなさを表わすものとして大切にしている。神秘的なつかの間の姿を心ゆくまで味わうことが求められている。

ここに注目

日本の建築と旅館

▸ 谷崎潤一郎の『陰影礼讃』は、日本建築における美意識について書かれたもので、本稿の冒頭に紹介している『陰影礼讃』の文は海外の旅行者向けに日本建築の説明として引用している。「柊家」のWebサイトでは、谷崎潤一郎のこの言葉とともに、川端康成が柊家旅館に滞在した印象記も英訳、引用している。

宿泊 **柊家** ▸ www.hiiragiya.co.jp

全国の稲荷神社の総本宮である伏見稲荷大社の参道は、鳥居が連なっていて独特の趣。

杭州の代表的なホテル「フーチュン・リゾート」のプール。ガラス窓越しに夢のような田園風景と点在する村を見渡す。

» 中国

杭州

西湖は中国歴代の詩人が詠った景勝地。

中国の宋王朝、明王朝、清王朝それぞれの時代の詩人たちは杭州の西湖の美しさを讃えた詩を残している。伝説によると天から真珠が落ちてきて宝石のような湖、西湖が生まれたそうだ。外周約15キロしかない湖だが、中国の他の観光地とは比べ物にならないほどロマンチックで、感動的な場所だ。儒教、仏教、道教の素養がなければ東洋の美意識を理解するのは難しいと言われる。しかし、ここを訪れた最初の西洋人であるマルコ・ポーロはここで見たこと聞いたことのすべてに魅惑された。『東方見聞録』は杭州を世界でもっとも洗練された都市だと記している。当時すでに杭州は絹と龍井茶の産地として名を馳せていた。龍井茶は中国でもっとも貴重とされる緑茶だ。

杭州は人口300万人を超える都市で、製造業とハイテク産業が盛んだ。現在は浙江省の省都であり、中国七大古都に名を連ねたかつての姿からは大きく変化している。しかしいくら高層ビルが増えようと、新婚旅行にここを訪れる無数のカップルは西湖が単なる夢や幻ではないことを証している。

西湖の湖畔を歩き、竹林を自転車でめぐり、現地の手漕ぎボートに乗って夕日を眺めていると、いつの時代にいるのか分からなくなってしまいそうだ。王や貴族がこの美しい風景を眺めるために建てた楼閣、洞窟やお寺を訪問したときも同じ錯覚に陥る。同じ杭州にある六和塔とその13層の屋根についた104個の鉄の鈴（それぞれの階の屋根の角に8つずつ）が風に

景勝地の西湖。あたかも湖のなかから立ち現れたようなお寺や東屋で、夕暮れとともに瞑想に浸りながら時を過ごす。

揺られて鳴るとき、その気持ちは一段と強くなる。

西湖の一方の岸は富春山に面している。これは水墨画の巨匠、黄公望（1269〜1354）が637センチの巻子本『富春山居図』で描いた山だ。この作品は17世紀に火事で損害を受け、現在は2つに分かれて存在する。片方は杭州博物館に収蔵され、より大きいものは台北の故宮博物院に収蔵されている。

「フーチュン・リゾート」（富春山居）はこの名作を元につくられた代表的なリゾートだ。美しい田園風景のなかに独立したラグジュアリーな部屋が並んでいる。このリゾートでは仏塔のような屋根をした東屋でのお茶会や、かつての皇帝用のレシピ通りに調理された料理を提供してくれる。『富春山居図』と同じように、人間と自然の調和が見事に再現されている。

見どころと滞在

- 杭州にある西湖は、中国のなかでもっともロマンチックで感動的な観光地として知られ、世界遺産にも指定されている。
- 西湖の一帯は景勝地だけあって、西湖十景、西湖新十景と呼ばれる観光スポットが多い。
- 西湖の一方の岸は富春山に面している。杭州の名高いホテル、「フーチュン・リゾート」は、この山を描いた水墨画の巨匠、黄公望の「『富春山居図』に基づいて建てられた。

宿泊 Fuchun Resort ▶ www.fuchunresort.com/en

仏塔と大理石の橋の姿が黒龍譚公園（麗江市）の池に映る。晴れた日は彼方に玉龍雪山が魔法のように姿を現す。

» 中国

雲南省

中国で人気の高い観光・新婚旅行先。

雲南省には26もの少数民族がいる。中国のなかでもっとも多くの文化が共存する省だ。かつて彼らは“長江の南に住む野蛮人”とみなされ、文化大革命中は迫害を受けた。しかし今日、彼らの伝統はようやく見直され、共産党はこの地域を中国文化発祥の地と認めるようになった。

雲南省には毎年3000万人の中国人観光客が訪れ（外国人の数は45万人にすぎない）、もっとも人気のある新婚旅行先となった。しかし雲南省の面積はドイツに匹敵するほど広く、風景もヒマラヤの高地から熱帯雨林までと幅広い。「常春の街」と呼ばれる昆明市がこの省の玄関口だとすると、省の北西部にある麗江市は心のふるさとだ。標高約2400 メートルの麗江市には、独特のそり上がった屋根を持つ家並み、お寺、運河、そして水路にかかる365本の橋がある。

麗江が建設されたのは約800年前で、チベットとインドや中国南部を結ぶ交易ルート「茶馬古道」沿いの市場町として栄えた。1996年の大地震で大きな被害を受けたが、旧市街は記録的な速さで再建され、現在はユネスコ世界遺産に登録されている。夜になると麗江市は昔ながらの赤い提灯で照らされる。町のそこここにある茶屋にはぜひ立ち寄って、有名な雲南七子餅茶を賞味してみたい。これはプーアル茶のひとつで、長い間発酵させた貴重なお茶だ。

麗江市では黒龍譚公園は、ぜひ訪れたい。美しい風景と建築が調和した中国の美意識の粋とも言えるものだ。

もうひとつ麗江市で欠かせないのは、ロマンチックなホテル「バンヤン・ツリー・リゾート」だ。明朝の様式を取り入れたリゾートで、町の中心からもさほど遠くない。石とチークでできたパゴダスタイル（東屋式）の部屋にはすべてプールが付き、ジャグジとしても利

見どころと滞在

▸ 雲南省は中国人観光客に人気の場所。なかでも標高約2400メートルの麗江市は高原のリゾート地。旧市街はユネスコの世界遺産に登録されている。

▸ 黒龍譚公園は麗江市でもっともロマンチックな場所で、ぜひ訪ねてみたい。

▸ 麗江市にある「バンヤン・ツリー・リゾート」は明朝の様式で建てられ、パゴダスタイル（東屋式）の部屋にはすべてプールが付いている。

宿泊 Banyan Tree Lijiang ▸ www.banyantree.com/en/lijiang

麗江市の郊外には
棚田が広がる。

麗江市の町並みは美しい。かつては茶馬古道の重要な中継地点だった。住民のほとんどはナシ族で、彼らの文化は人類学的にも非常に興味深い。

用できる。標高5596メートルの玉龍雪山の全景を望む庭もある。この山はナシ族の村を訪ねようとするハイカーに人気がある。彼らの豊かな民族衣装と、トンパ文字と呼ばれる世界で唯一残る象形文字は人類学的にも貴重だ。

大理市もロマンチックな町だ。12世紀に建てられた崇圣寺三塔は中国でもっとも重要な仏教建造物のひとつだとされている。数ある雲南省の景勝地の中でも、世界でもっとも深い渓谷である虎跳峡や石林は飛び抜けている。石林は石灰岩が2億7000万年かけて浸食されてできた石の尖塔で、木より高くそびえ立つ石の庭のようなシュールな形になった。ユネスコの世界遺産に登録されている。中国人のカップルは永遠の愛の証しとしてここで記念撮影をする。

美しい環境に囲まれた「バンヤン・ツリー・リゾート」は明朝時代の建築をモデルにしている。

「バンヤン・ツリー・リゾート」のバイユンレストラン。植物に囲まれたエレガントなパビリオンで広東風のヌーベルキュイジーヌを味わえる。

リゾートの「ウマ・バイ・コモ・パロ」はパロ谷の森のなかにあり、シャクナゲ、ツツジ、あじさいが周囲を埋める。

» ブータン

ブータンの谷

高地の仏教王国で自然と寺院をめぐる旅。

パロ谷を見下ろす標高3100メートルほどの絶壁に張り付いたタクツァン僧院を訪れると、必ず次のような説明を受ける。「グル・リンポチェがチベットから翼のある虎に乗ってやってきて、この寺を建立した」と。不思議なことに、この説明を聞く者は誰しも納得してしまうのだ。

ヒマラヤ山脈に抱かれた王国に来るには、デリーやカトマンズから飛行機に乗って14の世界最高峰のうちの9つを超える。その飛行だけでもうっとりする体験だ。しかし、この国の空の玄関口パロの飛行場に降り立つと、今まで慣れ親しんだ世界とはまるで異なった別世界に来た気分になる。このグローバルエコノミーの時代に、ブータンはまったくの孤立状態のなかで繁栄を続けている。1972年、国民に愛された前国王ジグミ・シンゲ・ワンチュクは国の豊かさをGDPではなくGNH（国民総幸福量）で測ることを提唱した。これは：「公正で公平な社会経済の発達」「文化的・精神的な遺産の保存と促進」「環境保護」「しっかりとした統治」という4本の柱に基づいて測られる。

面積3万8390平方キロ、人口68万7000人、標高2000〜7000メートルのこの王国は伝説の理想郷シャングリラ（ジェームズ・ヒルトン作の『失われた地平線』に登場するチベットの架空の理想郷）そのものであり、この地への地理的、精神的な巡礼に赴くことで至福を体験できるのだ。

シャクナゲが咲き乱れる森、美しい谷、何百年も続く寺院をめぐるブータンの旅はパロから出発しよう。美しい風景に囲まれたリゾート、「ウマ・バイ・コモ・パロ」のラクジュアリーなスイートに泊まり、スパでアジア式のトリートメントを受け、旅の疲れを癒そう。新婚旅行のカップルは幸せな結婚生活を送れるよう仏教による加護のセレモニーを受けることができる。

見どころと滞在

- ブータンの旅は国際空港があるパロから始まる。美しい谷や森などの自然を堪能し、寺院をめぐる旅にでてみよう。
- タクツァン僧院はぜひ訪ねてみたい。ブータン最大の聖地であるこの僧院は、壮大な景色が素晴らしい。
- リゾート施設「ウマ・バイ・コモ・パロ」は、パロ空港から車で10分の距離。ここの建物は石と木材、屋根は手作りのテラコッタのタイル。ヒマラヤの仏教文化への敬意を表しているという。

宿泊 Uma by Como ▸ http://www.comohotels.com/umaparo

ブータンへ行くなら険しい山道を登り、タクツァン僧院を訪れたい。

» ベトナム

ホイアン

世界遺産の古い町並みを散策しよう。

旧暦の14日の満月の晩、ホイアンでは町中の電気が消え、色とりどりの提灯の明かりが町を幻想的に包む。絹の提灯は地元の職人の誇りだ。店先には漆細工、ひすい、陶器、シルクの刺繍製品などがまるで絵のように美しく並ぶ。ツーリストはカオラウ麺の店の前で行列している。この麺がおいしいのは、市場近くに古くからある井戸の水で練るためだそうだ。町には服の仕立屋が200店もあると言われ（これもホイアンの活力の源）、古いシンガーの足踏みミシンの音を響かせる。川辺に設置された舞台からは中国オペラの音楽が流れてくる。自転車や原動機つき自転車（旧市街で許可された唯一の交通手段）の音もこれらに混ざって鳴り響く。まるで映画のシーンのようだ。カトリーヌ　・ドヌーヴ主演の『インドシナ』、情熱的な情事を描いたマルグリット・デュラス原作の映画『愛人』など、多くの映画がここで撮影されたが、自分が

ホイアンの漁師は今でも伝統的な手法で漁をする。独特の丸い小舟でトゥボン川の河口や海に出て網を投げ入れる。

夜、提灯が灯されると、ホイアンの川岸はとてもロマンチックな雰囲気になり、マルグリット・デュラスの小説の場面がよみがえる。

そのワンシーンの中に立っているような気分になる。

ユネスコの文化遺産にも登録されたホイアンは、ベトナムでもっともロマンチックな町だ。ハノイとホーチミン市のちょうど中間のトゥボン川の河口に位置するので、ベトナム旅行の途中で数日間休憩するのにぴったりの場所だ。19世紀から20世紀にかけて阮朝の首都だったフエからもちょうどよい距離にある。

こうした立地条件のせいで、ホイアンは何世紀にもわたって南シナ海の重要な貿易港として栄えた。16世紀末には日本人商人の居住区があり、そこへ渡るために美しい来遠橋が掛けられた。今では旧市街でもっとも頻繁に撮影される建造物だ。ほかにも旧市街には17世紀から19世紀に建てられた素晴らしい家々があり、人が住んでいても見学できる。室内は東洋の家具と美術品で飾られており、祖先崇拝の風習に根ざした伝統的な生活様式を見ることができる。

ホイアンの雰囲気はゆっくりと味わうのが適っている。レンタル自転車は町の周辺を回るのによい手段だ。道はまっすぐで、田んぼやココナツ林の静かな風景のなかを海へと抜けていく。どこまでも続く美しいクアダイビーチの一角に、ベトナムでもっともスタイリッシュで豪華なリゾート「ザ・ナムハイ」がある。フエの王宮を手本に建てられたリゾートだ。工芸工房のツアー、ベトナム料理のクラス、地元の漁師と一緒に貝を捕るなどいろいろな文化体験を提供している。

見どころと滞在

▶ 中部ベトナムのホイアンは、東南アジアの商業港が保存された貴重な例で、町全体はユネスコの世界遺産に登録されている。

▶ ホイアンは、ゆっくりと見学したい町だ。古い町並みを散策しながら、200店はあるといわれる仕立屋で服を注文したり、漆細工や刺繍製品などのお土産を探すのもいい。

▶ リゾートの「ザ・ナムハイ」はホイアンから10キロほどのハ・マイ・ビーチのヤシの木立の中にある。フエの王宮を手本に建てられた高級なリゾートで、戸建てのビラがある。

宿泊 The Nam Hai ▶ www.ghmhotels.com/en/nam-hai

ホイアンとダナンの間の南シナ海に面した海岸線には、素晴らしいビーチがある。

“ホイアンの雰囲気はゆっくりと味わう”

「ザ・ナムハイ」ではビーチでくつろぎながら、ロマンチックな雰囲気で食前酒を。

「ザ・ナムハイ」はベトナムでもっとも高級なリゾート。建物はシックで現代的だが、フエの王宮をモデルに設計された。

南ラオスにある金箔で包まれた高さ10メートルの大仏。メコン川とパクセーの町を見下ろす。

» ラオス

ルアンパバーン

仏教国ラオスの古都で敬虔な祈りをささげる。

毎朝6時になると金属の鉢を手にした僧侶たちが寺を出て、ルアンパバーンの街路を一列になってゆっくり歩いて行く。住民たちは玄関の前で僧侶たちを待ち受け、鉢のなかに餅米や野菜を施しとして差し出す。古くから仏教に伝わる托鉢の儀式だ。信心深い人にとって僧侶が施しを受けてくれることは即ち自分が祝福を受けることであり、次の生のための徳を積むことでもある。

ラオスは東南アジアでもっとも伝統を重んじる国で、仏教の精神が深く浸透している。托鉢の光景を目にすることは、ラオスの古都に生きる文化を理解するまたとない機会となるだろう。

メコン川に立ちのぼる朝霧がルアンパバーンの町並みを薄いベールで包み、サフラン色の僧衣をまとった僧侶たちが夜明け直後の清らかな空気のなかを長い列をなして歩く。確かにカメラに収めたくなる光景だ。しかしこれは宗教的儀式であって、ショーではないことを忘れてはならない。

寺院側と行政当局が共同でツーリストが守るべき規則を載せたパンフレットをつくった。静かにしていること、控えめな服装でいること（肩、足、胴があらわでないもの）、僧侶たちが過ぎ去るまで足の裏を見せずに座っていることなどだ。

僧侶に対してはもちろん、この町のすべてに敬意を払うことが大切だ。静かで香り高い南国の空気に包まれた町のなかには35の素晴らしい寺院が存在する。そのほとんどはチークでできており、手の込んだ浮き彫り彫刻は金箔や鏡で装飾されている。寺院には何百、ときには何千もの大小さまざまな仏像が飾られている。そのひとつひとつに対しても敬意を払うことを忘れずにいよう。

ルアンパバーンにある数多くのホテルがこの地の文化を大切にしている。かつての王室の縁者が所有者である場合も多いし、貴族の館が贅沢なホテルに生

ワット・マノーロムの扉に立つ少年の僧侶。ルアンパバーンの寺としてはさほど古くも、豪華でもない。しかしもっとも僧侶が多い寺で、見習い僧にとって重要な学校だ。

まれ変わった場合もある。そのなかでもっともロマンチックなのが「ベルモンド・ラ・レジデンス・プー・バオ」だ。最高のおもてなしだけでなく、多くのアクティビティーを提供している。例えば近郊の村へのツアーや、伝統的な小舟に乗ってメコン川をさかのぼり聖なるパークウー洞窟（仏像が1万体ある）を見学するツアーなどだ。ラオス料理のクラスも開いていて、ラオスの主食である餅米の炊き方も習う。新婚夫婦は調和に満ちた生活が続くようシャーマンが執り行うバーシーという儀式を受けることもできる。

数千年もの歴史、穏やかな景色、心やさしい人々。それらとの出会いによって、ルアンパバーンでの滞在は心に残るものとなる。カラフルな市場で愛する人へ小さな贈り物を買うのも楽しみだ。また、森の奥にあるクアンシーの滝に行き、青い水を湛えたいくつもの滝壺を眺めて幸せに浸ることもできる。ここで泳ぐのも聖なる儀式となりうるだろう。

見どころと滞在

▶ ルアンパバーンはラオス北部にある山あいの古都。仏教国ラオスだけあって、ここには35の寺院がある。町ではサフラン色の僧衣をまとった僧侶たちを見かけるだろう。寺院には大小さまざまな仏像が飾られており、手の込んだ浮彫彫刻は一見の価値がある。

▶ 高級ホテル「ベルモンド・ラ・レジデンス・プー・バオ」はルアンパバーンからほど遠くない距離にある。素晴らしい建築とフランスの植民地時代をしのばせる夢のような雰囲気が特徴だ。

宿泊 Belmond La Résidence Phou Vao ▶ www.belmond.com/la-residence-phou-vao-luang-prabang/

▶ 時間があれば、クアンシーの滝（次ページ写真）はぜひ訪れたい。メコン川の支流のひとつに当たり、ルアンパバーンから約29キロのところにある。

観光名所となっているクアンシーの滝。森の中にひそむ滝には滝壺がいくつもあり、暑い日はここで泳ぎたくなる。

「ベルモンド・ラ・レジデンス・プー・バオ」のスイートは前面に白いスイレンや蓮が咲く池があり(上)、瀟洒なホテルはトロピカルな植物が生い茂る庭に囲まれている(下)。

バイヨン寺院で謎の笑みを浮かべる巨大な観世音菩薩の四面塔。

» カンボジア

アンコール

クメール王朝時代の遺跡群にひたる旅。

アンコールには朝早く着いたほうがいい。いったん観光客が押し寄せると、森の静けさがかき乱されてしまう。まずタ・プローム寺院へ行き、中庭で遺跡を眺めてみよう。何世紀もの間に樹木が石の建物を制圧してしまった様子が分かる。石の土台の隙間から根っこが這いあがり、腕を延ばして柱に巻きつき、窓の装飾に絡む。樹陰の暗がりのもと、自然と人間が共同で作り上げたひとつの生き物と化している。

タ・プローム寺院はクメール帝国が残した寺院のなかで、とりわけ立派なものでもない。しかし1858年にフランス人のアンリ・ムオがアンコールでこの遺跡と出合った当時の雰囲気をそのまま残す遺跡だ。考古学者が発掘作業に着手し、東南アジアで洗練された文明の姿が世界に示されるようになる以前は、おそらくすべての寺院はこのような姿だったのだろう。

この場所の魔法を感じ、壁面の彫刻が語る神話に身を委ね、クメール文明の最大の功績である堂宇を眺めるなど、アンコール・ワットを見学するには最低3日間は必要だ。夕暮れ時にはエレガントな若いカンボジアの女性が遺跡の前で仏教伝来のアプサラダンス

「ラッフルズ・グランド・ホテル・ダンコール」のプールを囲む建物はアンコールの街並みからヒントを得ている。

空から見たアンコール・ワット。周囲約4.2キロあり、世界最大の宗教的建造物だ。

を舞う姿を堪能することもできる。

アンコール遺跡群のひとつ、アンコール・トムの中央にあるバイヨン寺院で謎の微笑みを浮かべた四面塔も逃してはならない。アンコール・トムはクメール王朝時代の要塞都市であり、最後の首都だった。“女性の砦”を意味するバンテアイ・スレイも訪れる価値がある。フランスの作家アンドレ・マルローが1930年に著した自伝的小説『王道』で称賛した寺院だ。マルローはここにあるデバターの彫像を「東洋のモナリザ」と絶賛した。この本は今でもカンボジアの遺跡を解説するすぐれたガイドブックだ。

アンコール・ワットでは時間の概念を失ってしまいやすい。遺跡群を離れ、水上生活者が暮らすトンレサップ湖を訪れたとしても同様だ。この湖はアンコールと混沌とした首都プノンペンを結ぶ水上のハイウェーの役目を果たしている。アンコールのすぐ近くの村シェムリアップは急激ににぎやかで近代的な観光都市に発展したが、ここにもまだ寺院が発見された当時の面影が残されている。

そのひとつが1932年開業の「ラッフルズ・グランド・ホテル・ダンコール」だ。豪華な家具や秀逸な造作などにコロニアルスタイルの魅力が保たれている。ここのドアマンの制服は王室の衣装にヒントを得ている。王室では幸運を呼ぶために曜日によってズボンの色を変える習わしがあり、王は色を見ただけで曜日が分かったという。月曜はオレンジ、火曜は濃い紫、水曜は薄緑、木曜は緑、金曜はロイヤルブルー、土曜はプラム色、日曜は赤。ラッフルズ・グランド・ホテル・ダンコールはこの伝統を受け継いでいる。

見どころと滞在

▶ アンコール遺跡群の見学は近くの村シェムリアップに滞在し、アンコール・ワットなどの観光にゆっくりと時間をかけよう。近隣のトンレサップ湖に足を伸ばすのもいい。

▶ バイヨン寺院の巨大な観世音菩薩の四面塔は、アンコールに残る遺跡のなかでも興味深いもののひとつだ。

▶ シェムリアップにある「ラッフルズ・グランド・ホテル・ダンコール」は1932に年開業した由緒あるホテル。

宿泊 Raffles Grand Hotel d’Angkor ▶ www.raffles.com/siemreap

タイのクラビ県にある景勝地、プラナン半島。

» タイ

クラビ

南タイの観光地で秘密の楽園に向かう。

タイの人々はよく、「似ているけれど、同じじゃない」と口にする。浜辺の美しさ、土産品の良し悪し、何に関してでもこのように評価する。アンダマン海に面した海岸や小島はみな風景が似ている。透明な海と白い砂、そよ風になびくヤシの木。

しかしそこがタイなら同じではない。タイ人がもてなしの精神を崇高なレベルにまで高めたからだ。タイ人は先天的に礼儀や作法を身につけた民族だ。いつでもどこでも、人なつこい笑顔で顔を輝かす。タイに来た“ファラン”（タイ語で外国人の意味）は、どこの国よりも甘やかされた気分になる。リゾートに到着して甘い香りが漂うランとジャスミンの花輪を贈られる時もそれを実感するだろう。

このような国柄からして、恋する2人にとっての最適なリゾートを選ぶのは、この本に登場するほかのどの国より難しかった。有名なプーケット島やピピ島、まだ

プラナン半島にあるリゾート「ラヤバディ」の豪華なパビリオン式のスイート。熱帯植物に囲まれ、プライベートプールもある。

プラナン半島は、アンダマン海に面した2つの湾を囲う真っ白な砂浜、森やココナツ林が魅力だ。海岸から垂直にそそり立つ崖はフリークライミングに最適。

あまり知られていないランタ島（シージプシーが暮らす高床式の村がある）などと、夢のような旅先は数えきれないほどある。

しかし熟考した結果、「ラヤバディ」を選んだのは、一流の旅行雑誌が行った調査でラヤバディが世界でトップのホテルのひとつにランクインしたからだ。それにラヤバディがあるクラビ県には多数の国立公園があるため自然が守られており、プラナン半島の中心に位置する「ラヤバディ」はそれらとのアクセスがいい。リゾートに至る道がココナツ畑や断崖を抜けて走り、まるで秘密の楽園に向かっているような気分になることも魅力だ。映画（と小説）『ザ・ビーチ』の主人公たちと同じように。

ラヤバディの豪華な客室はパビリオン式で、五感を刺激する料理が揃い、マッサージで有名なタイのなかでも指折りのスパを供えている。また、ピピ島、パンガー湾国立公園（海から多くの岩が突き出ている）など南タイの景勝地から近い距離にあることも大きな利点だ。冒険好きな人はライレイベイを囲む石灰岩の崖で、ロッククライミングに挑戦することも可能だ。

ラヤバディの少し南にあるランタ諸島のクラダン島ではバレンタインデーに世界最大の水中結婚式が行われる。これはギネスブックにも載っている。結婚式は仏教の儀式に則って行われ、そのあとにビーチでタイ式の祝宴が催される。この結婚式は法的なものではないが、一生の思い出になるだろう。

見どころと滞在

▸ タイの南部、アンダマン海沿岸のクラビ県はタイ有数の観光地。なかでもプラナン半島はそのほとんどが国立公園として保護されている景勝地だ。

▸ リゾートの「ラヤバディ」はプラナン半島の中心にあり、世界のトップホテルのひとつ。海岸にそびえ立つ崖に囲まれているため、クラビ埠頭から船で上陸する。

宿泊 Rayavadee ▸ www.rayavadee.com

▸ プラナン半島からは、有名なプーケット島や、海から多くの岩が突き出ているパンガー湾国立公園、断崖に囲まれた美しいライレイビーチなどをめぐることができる。

チェンマイの北方に位置するチェンライの郊外に、幻想的なワット・ロンクンがある。タイの現代アーチスト、チャルムチャイ・コーシュピパットがデザインした仏教の伝統とニューエージの建築を融合させたお寺だ。

» タイ

チェンマイ

タイ旅行なら北方最大の古都は外せない。

何世紀にもわたってチェンマイはランナー王朝の首都だった。ランナー王朝は最盛期にはタイ北部、ビルマ、ラオス、南中国を支配した。しかし現在のチェンマイはタイ北部の観光の中心地としての地位に“甘んじて”いる。

タイにはラグジュアリーであると同時にエキゾチックな冒険を楽しめるさまざまなアクティビティーがそろっている。お寺めぐりをして落ち着いた高揚感に包まれた1日を過ごすこともできるし、スパイシーなタイ料理を習得することもできる。植物園に行ってチョコレートの香りがするランを発見したり、象の保護区を訪れて川で水浴びする象を観察したりすることもできる。チェンマイを出発して森に覆われた山へトレッキングに出かけ、素朴な竹の筏でラフティングに挑戦した後では、少数民族の村で高床式の家を借りて一夜を過ごしてみてはどうだろう。

「ダラ・デビ」リゾートの外観。チェンマイの宮殿をモデルに設計された。

ドーイ・インタノン国立公園には王と王妃にささげられた仏塔がある。

チェンマイではカラフルな民芸品がそろったナイトマーケットで夜遅くまでショッピングできる。陰暦12月の満月の日に滞在していれば（10月末から11月）、ローイクラトン祭りがある。何千もの人がピン川のほとりに集まり、花で飾ったバナナの葉の灯籠を流し、熱せられた空気によって空に昇る無数の紙提灯（天灯）を放つ。写真を撮るにはもってこいの光景だ。

チェンマイに行くなら、ぜひランナー王朝の宮殿をモデルに建てられたリゾート、「ダラ・デビ」のコロニアルスイートに泊まってみたい。60エーカー（24万㎡）ある敷地にはチーク材の建物や、金箔と色鮮やかな鏡で飾られた寺、堂々たる要塞が並び立つ。庭には熱帯植物が茂り、儀式用の芝生の広場が広がり、小川が流れ、広大なプールがある。市場も設備され、昔ながらの農法で耕される田んぼでは水牛が木製の鋤を引いている。しかし何といっても見所は寺院だろう。チェンマイから80キロの距離にあるランナー王朝のシンボルだったワット・プラタート・ランパーン・ルアン寺院を完璧に複製したものだ。

ダラ・デビにあるデビスパは健康に関する東洋の哲学を集約したスパで、建物の上には涅槃へ向かう浄化の過程を象徴する仏塔がある。より世俗的な浄化を望むなら、小さなタマリンドの小槌で体を叩くトークセンマッサージを受けたらどうだろう。ちょうど15世紀にランナーの宮廷で行われていたように。

見どころと滞在

▶ チェンマイはタイ北部で最大の都市。観光地として名高く、日中はお寺めぐり、夜はナイトマーケットでのショッピングが楽しめる。

▶ リゾートの「ダラ・デビ」はランナー王朝の宮殿をモデルに広大な敷地に建てられている。

宿泊 Dhara Dhevi ▶ www.dharadhevi.com

▶ ダラ・デビにあるデバ・スパ・アンド・ウエルネス・センターの装飾は、チェンマイから150人もの工芸職人を呼び、完成に3年以上かけたという。

「ダラ・デビ」のコロニアルウイングにあるプール。

「ダラ・デビ」のペントハウスには豪華なコロニアル風の家具が備わり、ペルシャ絨毯が敷かれている。

かつての宮殿の高貴さを漂わせるロイヤルレジデンスは香り高い植物が茂る庭に囲まれ、究極のラグジュアリーと静けさを味わえる。

ミャンマーを南北に貫くエーヤワディー川。観光のクルーズ船が就航している。

» ミャンマー

エーヤワディー川

船旅でビルマ仏教の聖地バガンを訪れる。

ミャンマーの女性にとって美容の秘訣はタナカという薄黄色のペースト。ナガエミカン（limonia acidissima）の木の皮をすりつぶしてつくったもので、ほのかにサンダルウッドの香りがする。これを頬に塗る。2000年以上もの間、ミャンマーの女性の肌を紫外線から守り、なめらかに保っている。

ミャンマーでは今も外国製の化粧品は手に入らない。男女問わずロンジーと呼ばれる腰巻きを着用し、西洋の服を着ている人は少ない。付け加えるとミャンマーではなかなかATMが見つからず、インターネットの普及もこれからのようだ。

100年以上前になるが、インドとその風習に親しんだ作家のラドヤード・キップリングは当時のビルマのことを「世界のどの国とも異なる国」だと評した。これは現在でも通じることだ。ミャンマーは数十年にわたる苛酷な軍事政権の時代を経て、ようやく外の世界との接触を持つようになり、今はコロニアル時代のロマンチックな空気を再び味わえるようになった。

今日ではアジアのどの都市にも高層ビルが森のように立ち並ぶ。しかしミャンマーの唯一の大都市であるヤンゴンの場合、目立って高い建物はシュエダゴン・パゴダの黄金の仏塔だけで、町のどこからでも見える。これは2600年前に建てられた世界一古い仏塔だという説もある。寺院内はいつもサフラン色の僧衣をまとった僧侶や巡礼者でいっぱいだ。ヤンゴンをめぐるにはまずここから始めたい。迷宮のような魅力を持つヤンゴンには、色彩豊かな市場や亡霊のようにたたずむ植民地時代のネオゴシックの建物がある。

ミャンマーの観光はヤンゴンから出発していくつもの旅程が可能だ。冒険好きな人は少数民族が暮らす山へ。または海へ出てアンダマン海の島へ向かい無垢な自然を味わうことも可能だ。しかし夢のようにロマンチックな旅を望むなら、何と言ってもミャンマーでもっとも長いエーヤワディー川のクルージングだろう。

エーヤワディー川に沿って仏塔が見事にそそり立つバガン。

ベルモンド社はエーヤワディー川で、ヤンゴンからバガンなどの航路を運航している。

バガンはアジア大陸のなかでもっとも感動的な宗教と文化の集積地だ。ここには1万の寺院があり、独自の形をした仏塔がヤシと聖なるガジュマルの茂みのなかにそそり立つ。バガンは歩いてめぐるか、キップリングの時代のように馬車に乗るのが似合っている。夕暮れ時、バガンは夢のような光に包まれる。十分な時間をかけて見学したい町だ。

バガンからはベルモンド社が企画するツアー「ベルモンド・ロード・トゥー・マンダレー」に乗船して、コンバウン王朝の都だったマンダレーへ向かおう。船は岸辺の景色や村の暮らしを見られるよう、ゆっくり川を進んでいく。

マンダレーは川が大きく湾曲するところに位置する宝石のような町だ。チーク材でできたいくつもの建物から成る王宮のほかに、素晴らしい寺院や僧院がある。タナカを頬に塗った女性たちは、終日仏陀にささげる花飾り作りに余念がない。

見どころと滞在

▶ ミャンマーを南北に貫くエーヤワディー川の船旅は思い出に残るだろう。古都バガンと中部の都市マンダレーを結ぶクルーズ船「ベルモンド・ロード・トゥー・マンダレー」などが就航している。

宿泊 Belmond Road to Mandalay ▶ www.belmond.com

▶ バガンは宗教と文化の集積地だ。ここには1万もの寺院があり、独自の形をした仏塔がそそり立つ。仏塔がシルエットになる夕景の眺めが素晴らしい。

▶ マンダレーは経済発展が著しい商業都市だが、黄金に輝く王宮寺院などの見学でゆっくりと過ごしたい。

アグラ城塞にある見事なアーケード、ディワニ・アーム。ムガル皇帝が一般市民との謁見に使った場所で、アグラ城塞での見どころのひとつ。

» インド

アグラ

大理石が美しいタージ・マハルを堪能。

インドで16世紀から19世紀半ばまで栄えたムガル帝国の宮廷には年に1回、商人に代わって女性がアグラの市場で絹と宝石を模擬的に売る習わしがあった。1607年のこの折に17歳の王子と16歳の娘が出会った。王子はのちのシャー・ジャハーン、ムガル帝国の第5代皇帝となり、彼の統治下に帝国は最盛期を迎えた。娘の名はアルジュマンド・バーヌー・ベーグムで、ペルシャの大貴族の出身だ。2人は間もなく結婚した。シャー・ジャハーンにはほかにも妻がおり5000人もの妾がいたが、彼女は常にムムターズ・マハル、「宮廷の選ばれし者」として寵愛を受けた。結婚の19年後に、彼女は第14子の出産中に産褥死し、シャー・ジャハーンは妻への愛を永遠に記念する墓廟を建てることにした。

これがタージ・マハルの物語だ。英国の作家ラドヤード・キップリングは「すべての夢が至る象牙の門」とタージ・マハルを呼んでいる。インドのどこにも、いや、世界のどこにもこれほどロマンチックな記念物はないだろう。ヤムナー川のほとりにあるこの大理石の白亜の建物は、ドームの天頂まで高さ73メートルあり、四隅には4本の尖塔が立っている。石に刻まれた花模様が世離れした優美さと軽やかさをかもし出している。2万人の労働者、職人、芸術家が20年かけてこの建物を完成させた（彼らのためにタジ・ガンジと呼ばれる居住区が設けられ、現在はアグラの中心街となっている）。

タージ・マハルの美しさを心ゆくまで堪能するには、一歩一歩段階を経ていく必要がある。まずはインドでもっとも高級なホテルのひとつ、「ザ・オベロイ・アマルビラス」の部屋を予約しよう。ここの建物は装飾も雰囲気もムガル王朝の壮麗さを彷彿させるものだ。このホテルはタージ・マハルからわずか600メートルしか離れておらず、その全貌が見渡せる。早朝には朝日でピンク色に染まったタージ・マハルを、ヤムナー川から立ち上る霧がまるで宙に浮いているかのように包みこむ様を部屋の窓から眺めることができる。この夢のような光景を見てから、タージ・マハルを訪れるのが最善の選択だ。

タージ・マハルの建設に携わった芸術家や職人の子孫が暮らすアグラには、ほかにも見学に値する建築

インドでもっとも有名な建築物、タージ・マハルの夕景。アグラ城塞から1.6キロの距離にある。キップリングはこの永遠の愛にささげられた記念物を「すべての夢が至る象牙の門」と呼んだ。

アグラから35キロの距離にあるファテープル・シークリーは「勝利の都」という意味がある。1571年にムガル帝国の主都として皇帝アクバルによって建設された。理由は定かではないが15年後に廃墟となった。

物がある。そのひとつがアグラ城塞だ。ここは皇帝の居城であり、シャー・ジャハーンとムムターズ・マハルの愛の巣でもあった。

市内から少し離れるが、ムガル建築の歴史をたどるなら、ぜひファテープル・シークリーを訪れたい。アグラの前に短い期間、都が置かれていた場所だ。素晴らしいモスクがあり、宗派を問わず子宝に授かりたい女性が訪れる。またアグラから40キロのところにあるマトゥラーは、クリシュナの生誕地としてヒンズー教徒の主要な巡礼先となっている。インド中で2月末から3月上旬にかけて愛と喜びの神であるクリシュナを祝うホーリーの祭りはここでも盛大に行われる。

見どころと滞在

▸ インド北部にあるアグラはかつてのムガル帝国の首都。タージ・マハルがあるインド有数の観光地だ。

▸「ザ ・オベロイ・ アマルビラス」は、インドでもっとも高級なホテルのひとつ。タージ・マハルの近くにあり、タージ・マハルを見学したあとくつろぐのに最適。

宿泊 The Oberoi Amarvilas, Agra ▸ www.oberoihotels.com/oberoi_amarvilas

▸ アグラからは近郊の観光が楽しめる。アグラの前に都が置かれていたファテープル・シークリーやヒンズー教徒の巡礼先マトゥラーなどを訪れたい。

ムガル様式の優雅なパビリオンに囲まれた「ザ・オベロイ・アマルビラス」のプール。

「ザ・オベロイ・アマルビラス」のロマンチックな部屋はタージ・マハルの壮麗なドームと塔を見渡す。

ハワー・マハル、別名「風の宮殿」は刺繍のような格子細工で装飾されている。

» インド

ジャイプル

インド北部の都で建築の宝庫に感動する。

インドのマハラジャからディナーの招待を受けた米国の億万長者バーバラ・ハットンは、自慢の黒真珠のネックレスをつけて出かけた。きっとマハラジャの目には安物としか映らなかっただろうが、マハラジャは一応お世辞を述べ、その後に、箱一杯に詰まった自分の宝石を披露した。そこには黒真珠やダイヤモンド、ルビー、エメラルドがぎっしり詰まっていた。インドのマハラジャにとってこれらは日常品に過ぎないのだ。バーバラ・ハットンの落胆ぶりは想像に難くない。英国の作家ラドヤード・キップリングはこんな言葉を残している。「世界がマハラジャの宝を見て楽しめるよう、神はマハラジャをつくったのだ」と。

国勢調査によると、インドには565もの貴族の家系がある。もちろん現在では貴族の称号に法的な価値はない。昔ほど豊かでない貴族は苦肉の策として入場料を取って自分の宮殿を公開している。「王子の国」とも呼ばれるインド北部ラジャスタンの首都ジャイプルの場合もそうだ。マハラジャの妻だったガヤトリ・デヴィは19世紀に建てられた「ランバーグ・パレス」の一翼に暮らし、この宮殿の残りの部分を世界有数のロマンチックでラグジュアリーなホテルに仕立て上げた。

ガヤトリ・デヴィはインド中をうわさに巻き込む恋愛結婚をし、しきたりに挑戦し続けた女性だ。2009年に死亡したが、ランバーグ・パレスで数日を過ごすと、この比類なき女性の精神がいまだに廊下やホールに漂っているのが分かる。いずれにせよ人はジャイプルで恋に落ちやすいし、ジャイプル自体に恋しやすい。ピンク色の城壁と建物を背景に、女性たちのサリーやバザールに並ぶスパイスが色鮮やかに映るこの町自体に。

ジャイプルはまさに感動の宝箱だ。町は1728年にサワーイー・ジャイ・シングによって建設された。このマハラジャはジャンタル・マンタルの天文台の建設も手がけた。天文台には星を観察し正確な位置を測るための14の観測儀がある。観測結果は宮廷の天文学者に送られ、より詳しく分析された。

ハワー・マハル、別名「風の宮殿」も驚くような建造物だ。ファサードに953の小窓があり、窓には繊細な砂岩の格子細工が施してあるので、ハーレムの女性たちは外から見られることなく、街の様子を眺めることができた。

シティ・パレスの迷路のような建物群には博物館があり、王家伝来の豪華な品々が展示されている。そのなかには344キロもある2つの銀の水差しがある。マハラジャ、サワイー・マド・スィンが旅先で沐浴するためにガンジス川の聖水を入れて運んだそうだ。

ピンク色をしたかつてのマハラジャの王宮は現在博物館になっている

16世紀後半に建てられたアンベール城はマオタ湖を見下ろす丘にある。ジャイプルから11キロほどとそれほど遠くない場所に位置している。

町から一歩離れた丘の上にはアンベール城がある。かつては要塞でありマハラジャのための歓楽の場でもあった。小さな鏡を散りばめて星空を模したマハラジャ専用のアルコーブもある。ここに行くにはマハラジャたちと同じように飾り立てられたゾウに乗って曲がりくねった道を上るのがいい。いくらかのルピーを払えば連れていってくれる。

ランバーグ・パレスに泊まるのも、ゾウに乗るのもジャイプルでの夢のような体験のひとつだ。しかしジャイプルでもっとも高級な宝石店ジェムパレスも逃したくない。ジャイプルは宝石のカッティングで世界的に知られた町なのだ。恋人にプレゼントしてマハラジャの妃になった気分を味わせてあげたらどうだろう。

見どころと滞在

▸ ラジャスタンの首都ジャイプルは建築の宝庫だ。窓に格子細工が施してあるハワー・マハル(風の宮殿)は必見。

▸ ジャイプル近郊のアンベール城の観光もいい。ここは軍事施設だったが、ぜいたくな歓楽の館のようにも見える。

▸ ラグジュアリーなホテル、「ランバーグ・パレス」はジャイプルのピンクの城壁から近いところにあり、かつての宮殿の雰囲気をたっぷり味わうことができる。

宿泊 Rambagh Palace

▸ www.tajhotels.com/Luxury/Grand-Palaces-And-Iconic-Hotels/Rambagh-Palace-Jaipur/Overview.html

「ランバーグ・パレス」の一角。1835年にラムシン王子と乳母のために建てられ、1957年にホテルに改装された。

「ランバーグ・パレス」は芸術品のコレクションで有名だが、パビリオンや庭も素晴らしい。

スリランカの南西、ゴールの近くにあるウナワトゥナの海岸は同国でもっとも美しい浜のひとつ。

» スリランカ

ゴール

アジアと中東を結ぶ航路拠点の歴史を刻む。

セレンディピティという言葉が西洋に生まれたのは18世紀のことだ。英国の外交官であり作家のホレス・ウォルポールが友人宛の手紙でこの言葉を使った。古代ペルシャの童話『セレンディップの3人の王子』からヒントを得た言葉だ。この物語では王子たちが直感と幸運に導かれて次々と“予想外の発見”をする。「セレンディップ」という言葉はサンスクリット語のSimhaladvipaという言葉に由来し、「ライオンが暮らす島」という意味だ。今では「光り輝く島」と呼ばれる涙のかたちをした島、スリランカを指している。

これほど限られた面積のなかにさまざまな風景、文化があり、多様な生物が生息し、バラエティーに富んだ印象を与える国はほかにないだろう。道を曲がるたびに何か新しい発見があるのではないかと期待させる。セレンディピティはスリランカの運命の一部なのだ。

1505年、スパイスを積んだポルトガル船がアラブ商人の船団を追いかけながらモルディブ島へ向かっていたが、跡を見失ってしまいスリランカに上陸した。この偶然がスリランカの植民地時代の幕開けとなったわけだが、これもセレンディピティの一例だ。伝わるところによると、浜辺から雄鶏の鳴き声が聞こえてきたので、船員たちはその岬を「Galo」（雄鶏）と命名したのだそうだ。

今日ゴールと呼ばれる町はスリランカの南西の端にあり、アラビアやアフリカとアジアを結ぶ航路の拠点となっている。町には大きな要塞があり、ヨーロッパ建築と南アジアの伝統が混在することが評価され、ユネスコの世界遺産に登録された。ポルトガル支配の唯一の名残はサンタ・クルズ砲台の古い部分のみだ。一方で1640年にポルトガルから町を奪い取ったオランダの足跡は無数に残っている。1796年には英国

見どころと滞在

▸ ポルトガル人が建設したゴールは、その後1640年から1796年までオランダの東インド会社が所有。島内にはオランダ時代の教会や建築物が残っている。

▸ ゴールの近くにあるウナワトゥナの海岸で、ヤシの木が風になびく音を聞きながら夕日に包まれて散歩するのは至福の瞬間だ。

▸ スリランカの経済を支える伝統的な茶園のなかに、「カハンダ・カンダ」のブティックリゾートがある。いろいろなアクティビティーを用意しており、舟でコガラレイクや熱帯雨林を見学するツアーもある。

宿泊 Kahanda Kanda ▸ www.kahandakanda.com

ウナワトゥナの海岸では近くのウエリガマ同様、竹馬漁をする漁師を見ることができる。竹は砂の中に数センチしか埋め込まれていない。500世帯の漁師が今でもこの伝統漁法を続けている。

スリランカの南西の
端にあるゴール。

オランダの東インド会社の時代、スパイスやお茶はゴールからヨーロッパに運ばれた。お茶はセイロン島の肥沃な斜面で育てられる。

が支配するようになった。

オランダは岬に2つの巨大な門がある要塞を築き、そのひとつにオランダ東インド会社の紋章と頭文字VOICを刻んだ。数々の立派な教会や建築物も残している。プラグマチックな英国人はオランダ人が残した建物を“占領”し、植民地の行政センターとして利用した。しかし要塞の内外に総督や高級官僚のためのエレガントな邸宅を建設し、そのうちのいくつかは現在コロニアルスタイルのホテルとして使われている。部屋にはチーク材の家具やビクトリア女王、エリザベス女王のポートレートが飾ってある。

ゴールの旧市街はどこへ行ってもロマンチックだ。

ゴールの旧市街ではヒンズー教やイスラム教のタミル人、キリスト教や仏教のシンハラ人が調和を保って共存している（上）。この美しい町から数キロ内陸に入ったところに、豊かな自然に囲まれた「カハンダ・カンダ」のリゾートがある（下）。

スパイスの香りが立ち込めるバザールや崖沿いの急な小道は時を過去へと引き戻す。ゴールから現地のツクツクに乗って数キロ離れるとスリランカで指折りのビーチに着く。これもまた別のセレンディピティだ。ウィジャヤ、ミリッサ、ウエリガマ、ウナワトゥナの浜では竹馬に乗ったような伝統漁法が見られる。

少し内陸に入ると原生林や田んぼ、茶畑がある。お茶はスリランカの主要輸出品だ。有機栽培の茶園のなかにある「カハンダ・カンダ」のリゾートは9つのスイートしか持たない。庭にはオウムやクジャクがいて、くつろぐには最適だ。カレーを使った料理教室を開いており、舟で近くのコガラレイクを訪れるツアーもある。

モルディブ島

環礁や島をめぐるクルージングも楽しめる。

モルディブ観光局は夢のようなバカンスを宣伝するため、巧みなコピーや素晴らしい写真を必要としないだろう。ターコイズブルー（フォトショップで修正しなくても蛍光色に近い色）の海に囲まれた白く細長い浜辺で、カップルが気持ちよさそうに寝そべっている。そこに「99%が海」というスローガンを添える。それだけでモルディブのイメージを言い表すことができてしまう。クリエイティブな表現でないことは承知だが…。

モルディブの国境は26ある環礁の外側にあり、この内側の面積から1192ある島の面積を引き算すると、海と陸の面積の比率は99対1、陸の面積はほんのわずかだ。しかし99パーセントを占める海の下には別世界が存在する。海洋生物が織りなす素晴らしい世界だ。サンゴとさまざまな色と形をした魚。ただ眺めているだけで何時間も過ごせる。海は静かで温かく、その色合いは変化に富んでいる。

海の上のわずかな陸地に関しては、ビーチとヤシの葉の木陰以外にバカンスに必要なものはない。もちろん21世紀のロビンソン・クルーソー的な楽しみを提供してくれるリゾートはたくさんある。それぞれのリゾートが島を所有し、なかには一周するのに10分しかかからないほど小さい島もある。それも裸足のまま、歩いて10分だ。

モルディブでのバカンスは「裸足のラグジュアリー」の表現につきる。このページの写真を（おそらくは熱望とともに）見れば説明など必要ないだろう。ここは「フォーシーズンズ・リゾート・アット・ランダーギラーバル」で、バア環礁のランダーギラーバル島にある。バア環礁はサンゴ礁と海底の豊かな生物相によって、モルディブで唯一ユネスコの生物圏保護区に指定されている。このリゾートは5つ星クラスにふさわしい設備のすべてをそなえ、リラックスが目的のバカンスにも、冒険を求める滞在にも対応している。後者の場合なら海洋生物学者が付き添ってくれるダイビングセンターがある。また、ドーニーと呼ばれる伝統的な小舟に

「裸足のラグジュアリー」こそ、モルディブで過ごすバカンスにぴったりの言葉だ。ここでは何もせずにビーチで過ごすのが美徳。ぜひカップルで！

モルディブはまるで夢の島の集合体のようだ。26の環礁に1192の島があり、外縁にある島には水上飛行機で行くしかない。

ヤシの木で作られた伝統的な小舟ドーニーに乗って、リゾートの周りを探索してみよう。

モルディブでダイビング。バレーダンサーのように優雅に動くマンタと一緒に泳ぐか、大胆不敵な人ならサメに近寄るか。でもこれらはモルディブでのスリリングなアクティビティーのほんの一端にすぎない。

見どころと滞在

▶ 島嶼《とうしょ》国家のモルディブには26の環礁、1192の島があるが、総面積のなんと99%は海。ターコイズブルーの海に囲まれた白い砂浜で、まずはゆっくりとくつろぐのがバカンスの第1歩だ。

▶ バア環礁は、モルディブで唯一ユネスコの生物圏保護区に指定されている。この環礁のランダーギラーバル島には「フォーシーズンズ・リゾート・アット・ランダーギラーバル」がある。

宿泊 Four Seasons Resort Maldives at Landaa Giraavaru ▶ www.fourseasons.com/maldiveslg

▶ フォーシーズンズはランダーギラーバル島とクダフラ島を結ぶ豪華クルーザー「フォーシーズンズ・エクスプローラー号」を運航している。2島の間の島々や環礁をめぐりながら、ダイビングなどの多彩なマリンアクティビティーが楽しめる。

1998年にエル・ニーニョの被害を受けたが、モルディブのサンゴ礁は再び色鮮やかで数限りない魚が生息する海底庭園を取り戻した。特にアリ環礁とバア環礁のサンゴ礁が見事だ。

乗って現地の人が暮らす島を訪れることもできる。彼らはヤシの木とサンゴでできた白い家に住み、漁業と工芸品で生計を立てている。

　さらにこのリゾートは豪華なカタマランの「フォーシーズンズ・エクスプローラー号」を持ち、ランダーギラーバルと南マレ環礁にあるクダフラ島を結ぶクルージングを楽しめる。クダフラ島には同系列のリゾートがある。ほんのわずかな陸地で過ごすにはひとつだけ心に留めておくべきことがある。モルディブでの素晴らしい経験をともにする人を見つけることだ。

Europe

ヨーロッパ

ラップランド（スウェーデン）
サンクトペテルブルク（ロシア）
スンムーレ・アルプス（ノルウェー）
スコットランドのハイランド地方（英国）
ロマンチック街道（ドイツ）
サン・モリッツ（スイス）
サン・マロ（フランス）
シャンパーニュ地方（フランス）
ロワール渓谷（フランス）
ムジェーブ（フランス）
コートダジュール（フランス）
コルティーナ・ダンペッツォ（イタリア）
ベネチア（イタリア）
ベローナ（イタリア）
ポルトフィーノ（イタリア）
トスカーナの丘（イタリア）
アマルフィ海岸（イタリア）
コルチュラ島（クロアチア）
サントリーニ島（ギリシャ）
トルコ沿岸（トルコ）
アンダルシア（スペイン）
ドウロ渓谷（ポルトガル）
アソーレス諸島（ポルトガル）

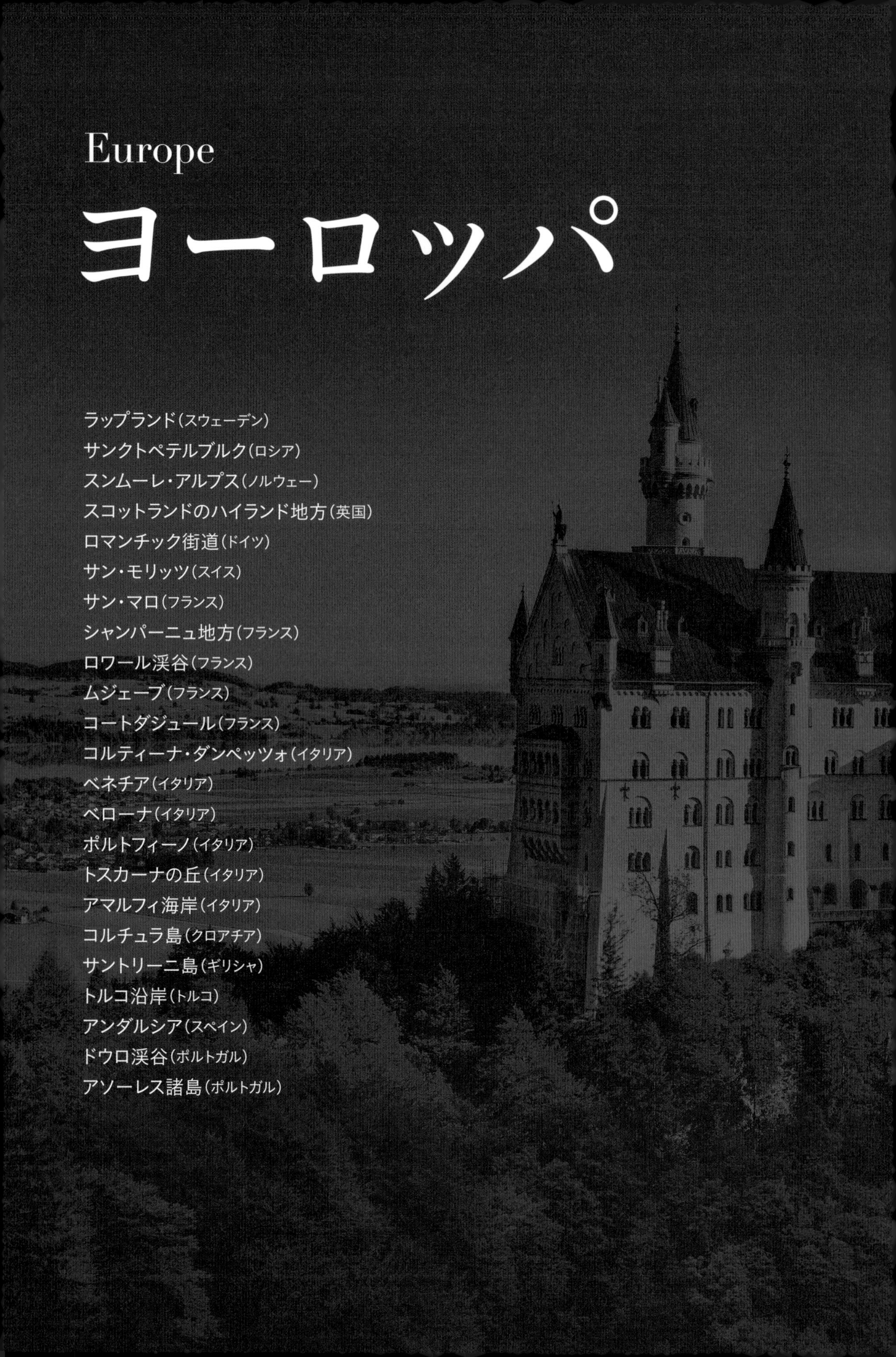

Chapter
2

» スウェーデン

ラップランド

クロスカントリーやオーロラを堪能しよう。

ヨーロッパに残された最後の野生地、ラップランド。スウェーデンやノルウェーなどの北部に広がるこの地域は四季を通して素晴らしいが、寒さを気にしないなら冬がベストシーズンだ。

北極線から200キロほど北に行ったところにユッカスヤルビの村がある。人口は1100人で、ハスキー犬が1000頭いる。スウェーデンのラップランドの最果てにあるところだが、地球の最北端に位置することから、冬には温かい交流の地となる。世界80カ国から訪れた5万人の旅行者がここの「アイスホテル」で少なくとも1泊している。

このアイスホテルは毎年12月から4月中旬まで開いているが、それ以降、実は建物は溶けて流れてしまう。建設は10月下旬から11月にかけて100人程度のチームによって行われる。スノーとアイスを合わせてつくった「スナイス」がその材料だ。前年の冬の間に近くのト

ハスキー犬やトナカイが引くソリに乗れるなら最高にロマンチックだ。

ルネ川から2500個、5000トンの重さの氷塊を切り出しておく。およそ5500平方メートルある敷地に基盤が完成すると、アーティストとデザイナーが到着し、家具、客室、共同スペースなどを彫り始める。要望に応えてアイスチャペルもつくられ、ここで結婚式をあげるカップルも多い。

白銀に輝く部屋がどんなに素晴らしくても、マイナス5度の部屋でトナカイの毛皮だけをかけて眠るには、かなりのスタミナ（と愛）を必要とする。ホテルでは毎晩、新しく到着した客に「サバイバル・コース」を開いている。防寒用下着や帽子を配り、その晩の過ごし方を説明する。しかし今まで寒くて眠れなかった人はいないようだ。もし眠れなかったとしたら、それは興奮によるものだろう。朝にはたっぷりした朝食と温かいリンゴンベリーのジュースのごちそうが待っている。その後にはいろいろなアクティビティーが用意されている。

雪上車や犬そりに乗って冒険したり、サーミの村を訪ねたり、アビスコ国立公園の「クングスレーデン」（王様の散歩道）でスノーシューを履いてトレッキングすることができる（全長は約450キロで、スウェーデンの冬のトレッキングとしては楽しいコースだ）。

アビスコ国立公園は面積78平方キロとさほど広くはないが、オーロラを観察するにはスウェーデンのラップランドでベストスポットだと言われている。公園内のオーロラ・スカイ・ステーションには（ここは暖かい！）、最先端の天文台とグルメな北極ディナーを楽しめるロマンチックなレストランがある。

見どころと滞在

▸ ラップランドの醍醐味のひとつは、雪景色のなかでクロスカントリースキーを楽しんだり、雪上車に乗ったりすることだろう。そうすれば、北方の先住民族サーミ人の伝統や生活に親しむことができる。

▸ ラップランドに泊まるならぜひ「アイスホテル」に。アイスホテルは毎年ゼロから建てられ、常に変化するが、目を見張るような美しさは変わらない。

宿泊 Ice Hotel ▸ www.icehotel.com

▸ オーロラを観察するなら、ラップランドでベストスポットと言われるアビスコ国立公園を訪れよう。この公園の散歩道は冬のトレッキングに最適だ。

アビスコ国立公園には超近代的なオーロラ・スカイ・ステーションがある。魔法の北極光、オーロラを観察するのに理想的な場所だ。

ラップランドで名高い「アイスホテル」。
一角獣とゴシック建築、玄関ホール
はファンタジーで飾られる。

零下5度。これが「アイスホテル」の室温だ。しかし驚くことに、やわらかい毛皮と愛する人がいれば夢のような一夜が過ごせる。

「アイスホテル」を建てるには5000トンの氷が必要だ。すてきなスイートのほかにアイスチャペルもあり、結婚式に使われる。

サンクトペテルブルクではスモーリヌイ修道院などの建物が雪景色のなかで一段と美しく映える。この修道院には敷地内にロシア帝国初の貴族のための女学校がある。

» ロシア

サンクトペテルブルク

歴史の散策、美術の鑑賞に時間をさきたい。

エルミタージュ美術館に展示されているマティスの『ダンス』は、ロシア貴族の依頼で制作された作品で、20世紀の精神と新たな時代のリズムを表現したものだ。この絵を観ていると実際に踊り出したくなる。この世界最大の美術館には6つの建物があり、400の部屋に270万の作品が所蔵されている。建物のひとつはロシア皇帝の主宮殿だった冬宮殿だ。金箔やスタッコの装飾が美しい。

ロシア美術館ではシャガール、カンディンスキー、マレーヴィチの彩りあふれるカンバスを鑑賞できる。カラフルなタマネギ型の屋根を持つ血の上の救世主教会はサンクトペテルブルクで唯一の伝統的ロシア建築だ。しかし短い滞在中に、この町が持つ宝物のすべてを見るのは無理なことだ。

サンクトペテルブルクは「母なるロシア」のなかでも特別な都市だ。18世紀初頭、ピョートル大帝の創案

金の塔が輝く旧海軍省は街の幹線道路であるネフスキー、ボズネセンスキー、ゴロホバヤの3本の大通りの起点ともなっている。

幅約500メートルある冬宮殿。ファサードが凍った水面に映る。ここにエルミタージュ美術館の本館がある。

に基づき、イタリアのすぐれた建築家の一群によって建設された。この町でプーシキンからドストエフスキーまでロシアの文化を担った偉大な作家たちの足跡を追うのは無理だし、チャイコフスキーやストラビンスキーの音楽を聞き尽くそうと思ったら、毎晩マリンスキー劇場に足を運ばなくてはならない。

サンクトペテルブルクの郊外の名所をすべて見学するのも、時間がなければ難しいだろう。郊外にはロマノフ朝の別荘が数々ある。そのひとつのペテルゴフ宮殿の庭には少なくとも140の金箔の噴水がある。ツァールスコエ・セローにあるエカテリーナ宮殿にはターコイズブルー、白、金で装飾されたバロック調のきらびやかなファサードがあり、内装は贅沢のひと言に尽きる。すべてを観るには一日がもっと長くなくてはならない。北極線から800キロのところに位置するこの町は夏には白夜を迎えるが、それでも時間は足りそうもない。

サンクトペテルブルクでは宿泊や娯楽の施設でさえ文化的な香りがする。例えば「ホテル・アストリア」は聖イサアク大聖堂に隣接した豪華な建物で、十月革命の前に創業した。今では完璧にリフォームされ、数々の有名人が私用、公用でここを訪れている。ラス

見どころと滞在

▶サンクトペテルブルクは、北極線から800キロしか離れていないところに位置している。歴史と文化、芸術にあふれたこの都市を堪能したいなら、たっぷりとスケジュールを確保しよう。

▶「血の上の救世主教会」は、サンクトペテルブルクに存在する唯一の伝統的ロシア様式の建物だ。タマネギのような形状の屋根と壁は6970平方メートルものモザイクで被いつくされている。

▶「ホテル・アストリア」は、1917年の十月革命の少し前に開業した。しかし革命とともに帝政ロシアの首都サンクトペテルブルクの栄光は幕を閉じた。世界の王族、伝説的な映画スター、名高いスパイまでさまざまな有名人がこのホテルに宿泊した。

宿泊 Hotel Astoria ▶ www.roccofortehotels.com/hotels-and-resorts/hotelastoria

グリボエードフ運河沿いにある「血の上の救世主教会」。

豪華な「ホテル・アストリア」は聖イサアク広場に面している。

プーチンが愛人と密会し、イザドラ・ダンカンが裸足で踊ったのもこの場所だ。ヨーロッパのリーダーの多くがこのホテルのブティックでファベルジェの宝石を購入している。ファベルジェのイースターエッグは世界でもっとも高価な卵だ。ホテル・アストリアではロシアの伝統的な茶器サモワールでいれたロシアンティーやベルーガキャビア付きのディナーを味わいたい。帝政時代の物語の世界に入ったような気分になれる。

ペテルゴフ宮殿は噴水庭園で有名だ。137の噴水と4本のカスケードがある。ファサード前のカスケードは見事だ。

ツァールスコエ・セローにあるエカテリーナ宮殿の舞踏の間(大広間、鏡の広間とも呼ばれる)。無数に連なる部屋のなかでもとりわけ豪華だ。見事な天井画がある。

スンムーレ・アルプスのバルサール地方は美しい冬景色のなかでハイキングやトレッキングするのに最適だ。この地方を横切るヴァルドーラ川の急流には魚が豊富に生息する。

» ノルウェー

スンムーレ・アルプス

山々から眺めるガイランゲルフィヨルドが美しい。

ガイランゲルフィヨルドはノルウェーのフィヨルドでもっとも美しいとされているが、ここに注ぐ滝のひとつに「花嫁のベール」がある。その並外れた美しさによってこう呼ばれるようになった。シュー・シストレ（7人姉妹）はその名の通り、7本の滝が腕を伸ばすように巨大な滝壷に流れ込む。轟音が響き、光に反射して何本もの虹が出る。フィヨルドのクルーズではこのような素晴らしい景色をいくつも見られる。

ガイランゲルフィヨルドの水面から見上げる風景は比較的ポピュラーだが、上からこの素晴らしい景色を見下ろす機会はめったにない。そのためにはスンムーレ・アルプスに足を踏み入れる必要がある。雪に被われた天然のテラスからフィヨルドの全景や、カバやカシノキの林が織りなす風景、山や谷の間にひそむ古びた農場などを眺め渡すことができる。

スンムーレ・アルプスのバルサール地方を横切るバルドーラ川には魚が豊富に生息する。滝が多いことも魚が繁殖する要因のひとつだ。この地方の手つかずの山のただ中に「ユーベ・ランドスケープ・ホテル」がある。世界初の“ランドスケープホテル”だ。ロビンソ

山々はクロスカントリーやゲレンデスキーにもってこいだ。

「ユーベ・ランドスケープ・ホテル」のハイテックでミニマリスト風の客室。山のロビンソン・クルーソーの気分を味わえる。

ン・クルーソーの気分を味わうにはこれ以上の環境はない。このホテルは伝説的な山のガイドであり、ナショナル・ツーリスト・ルート（国中をめぐる観光ルートと設備のネットワーク）の発起人であるクヌート・スリミンのアイデアによるものだ。ランドスケープホテルは「less is more」（少ないほうが豊か）というミニマリストの概念を究極まで追求している。

自然という完璧なデザイナーがいるのに、部屋に家具を置く必要があるだろうか。炭素ゼロエミッションのユーベ・ランドスケープ・ホテルには12の木造の小屋がある。壁はガラスで、室内にはベッド、読書用の照明、くつろぐための長椅子しか置かれていない。青い空、川、緑の木々、灰色の山々が部屋を飾ってくれるのだ。もちろん冬は真っ白な雪がその役目を果たす。

しかしストイックという言葉は当てはまらない。高級レストランがあり、自然スパもある。何といっても究極のラグジュアリーは、四季を通じてこの環境が提供するアクティビティーだ。クヌート・スリミン自身がガイドを務めてくれる。バイキングの王オーラヴ・ハラルズソン（オーラヴ2世）の名前がついた小道を歩いたり、岩山の突先に続くトロールの道を冒険したりできる。ここからはフィヨルドや、高さ1000メートルの岩壁の麓にある風変わりな町オンダルスネスが見渡せる。

もちろんラフティングやカヌーもできる。サケ釣りや夏スキーもできる。それらすべてをヨステダール氷河の素晴らしい景色のなかで満喫できるのだ。

見どころと滞在

▸ スンムーレ・アルプスの山々からはガイランゲルフィヨルドを見渡すことができる。フィヨルドで有名なこの地方でも特に美しいとされる絶景だ。

▸ ガイランゲルフィヨルドの観光では水面からフィヨルドを見上げるクルーズに乗船してみよう。この行程では「花嫁のベール」や「7人姉妹」と呼ばれる美しい滝を見ることができる。

▸ 文字通りランドスケープホテルと銘打っている「ユーベ・ランドスケープ・ホテル」は、伝説的な山のガイドであるクヌート・スリミンによって設計され、自然環境のなかに融和するように建っている。

宿泊 Juvet Landscape Hotel ▸ www.juvet.com

ジャコバイト号は英国ハイランド地方のフォート・ウィリアムと海沿いのマレイグを結ぶ蒸気機関車だ。めまいを起こしそうな高架線を渡りながら、ハイランドの高地を走り抜ける。

» 英国

スコットランドのハイランド地方

多くの城めぐりと広がる高地の景色が醍醐味。

英国スコットランドのハイランド地方では毎年夏、「ハイランドゲームズ」と呼ばれるスポーツや民族舞踊などの競技会が開催される。そのもっとも重要なイベントが9月、アバディーンシャーのブレマーで開かれ、英国王室から毎年、最低1人が出席する。ロマン主義の作家たち（特にサー・ウォルター・スコット）によってスコットランドの歴史と文化に焦点が当てられたのをきっかけに、またビクトリア女王の後援もあり、1820年に「キルトで行うオリンピック」は公式なステータスを与えられた。

中世までさかのぼる精神とおおらかな心は今でも健全だ。ケイバー・トス（丸太投げ）、レスリング、スコットランド風ハンマー投げ、石投げ、坂を駆け上る徒競走などの種目がバクパイプの音楽をバックに行われ、人々は今もこれらの競技に熱狂する。そして外国人も参加できるのが特徴だ。

ハイランドはスコットランドのグランピアン山脈から北西の沿岸やスカイ島などの島々に続く小高い丘や

ハイランド地方では由緒あるホテル「アーダンナセイグ」にチェックインしたい。

ネアンの近くにあるコーダー城はシェークスピアの悲劇『マクベス』の舞台となった城だ。素晴らしい庭もある。

湖のある地域を指す。この誇り高い土地で数日過ごすと、スコットランド人になって伝説と英雄の時代に生きている気分になる。スコットランドはそのような意識の集合体なのだ。

ハイランド地方では車でゆっくりと、時には自分の足を使って、ベン・ネビス山（英国で最高峰の山）などの野性的な自然へと向かいたい。鉄道に乗ってみるのもお勧めだ。蒸気機関車ジャコバイト号はハイランドの主要都市フォート・ウィリアムと海沿いのマレイグを結んでいる。めまいを起こしそうな高架線を渡り、神秘的な風景を抜けて行く。映画『ハリー・ポッター』シリーズの撮影に使われた場所もあるほど、景色は素晴らしい。

文化的で、神秘に満ち、ロマンチックなハイランドの旅には、ぜひ城めぐりを加えたい。14世紀に建てられたアーカート城は“怪獣ネッシー”で有名なネス湖のほとりにある。その景色は息を呑むほどドラマチックで美しい。バンフシャーにあるバリンダロッホはおとぎ話に出てくるようなお城だ。贅沢な家具や素晴らしい絵画コレクションも備え、「北の真珠」の異名を持つ。ケイスネスのメイ城にはハイティー（英国流の午後のお茶）の時間に合わせて行きたい。ここのティールームは英国でもっともエレガントなもののひとつだ。美しい牧歌的な庭に囲まれ、この城は皇太后のお気に入りの夏の別荘だった。

見どころと滞在

▸ ハイランド地方に行くなら、城めぐりは欠かせない。『マクベス』の舞台となったコーダー城をはじめ、旅の記憶にとどめたい数々の城がある。

▸ オー湖のほとりにあるホテル「アーダンナセイグ」は、伝説的なスコットランドの建築家ウイリアム・バーンが19世紀に設計した屋敷を改装したものだ。

宿泊 Ardanaiseig Hotel ▸ www.ardanaiseig.com, hello@ardanaiseig.com

▸ このホテルに宿泊するなら、近郊のキルカーン城をぜひ見学しよう。霧がかかった朝には、オー湖からキルカーン城が奇跡のように立ち現れる姿が見られる。

“景色は息を呑むほどドラマチックで美しい”

アーカート城跡（上）はネス湖のほとりに厳かにたたずむ。ハイランド地方でもっとも撮影される回数の多い場所だろう。キルカーン城（右）は、オー湖の水面が上がると城は島となる。

　コーダー城はシェークスピアの悲劇『マクベス』の舞台となった城だ。アーガイルシャーにあるキルカーン城は15世紀に建てられ、キャンベル一族の住居だった。今は廃墟となっているが小塔が残っている。霧がかかった朝には、オー湖からキルカーン城が奇跡のように立ち現れる姿が見られる。周辺でもっとも美しいスポットだ。オー湖のほとりで一泊するなら、ぜひ「アーダンナセイグ」ホテルに行ってみよう。19世紀の屋敷がスコットランドでもっともロマンチックなホテルのひとつに生まれ変わった。

ノイシュヴァンシュタイン城の塔は、まるで幻のようにシュヴァンガウの丘にそびえ立つ。

» ドイツ

ロマンチック街道

素晴らしい風景と城や教会など見どころは満載。

シンデレラと王子はロマンチックなこの城で末永く幸せに暮らしたそうだ。シンデレラのガラスの靴と同じように、城の塔は日の光に輝き、高みから周囲の森を眺め渡している。女の子なら誰でもこのような場所で生きることを夢見るだろう。大人のなかの子供心にとっても、ウォルト・ディズニーが映画『シンデレラ』のセットに使ったこの景色のなかで、バカンスを過ごすのは素晴らしいプレゼントになるだろう。

この城の名前はノイシュヴァンシュタイン城。「メルヘン王」と呼ばれたバイエルンのルートヴィヒ2世の奇抜な夢を実現するために建てられた城だ。玉座の間は黄金と中世を模したモチーフで豪華に装飾されている。寝室には伝説のラブストーリー、『トリスタンとイゾルデ』のフレスコ画がある。この城は外観に劣らず内部も素晴らしい。近隣のホーエンシュヴァンガウ城はアルプゼー湖とシュヴァンゼー湖を見下ろすパノラマ風景のなかに建つ。これらの城がロマンチック街道のハイライトとなっている。

アルプスとマイン川を結ぶロマンチック街道は自転車か自動車で旅できる。南端の町はフッセンで北端がヴュルツブルク。約400キロに渡るバイエルン地方とバーデン＝ヴュルテンベルク州の素晴らしい風景を

さほど遠くないところに王の名前を取った「ホテル・ケーニッヒ・ルードヴィッヒ」がある。

秋になるとフュッセン周辺のババリアアルプスの紅葉が始まる。ノイシュヴァンシュタイン城とホーエンシュヴァンガウ城に近いことから、ここはロマンチック街道でも高い人気を集めている。

眺めつつ、歴史的な町並みや名所をめぐることができる。数々の城のせいで文字どおりロマンチックな街道だが、途中のシュヴァンガウの豪華な「ホテル・ケーニッヒ・ルードヴィッヒ」に1泊すればその気持ちはさらに強まるだろう。

街道沿いには可愛らしい風景や美しい村が続く。ディンケルスビュール、ランツベルク、ローテンブルクの村の家々の飾り棚にはゼラニウムが咲き、フランケン地方の丘にはブドウ畑が続いている。ダンプリング、シュペッツ（たまご麺）、パイ、ケーキなど愛情のこもった地元の食べ物もいろいろある。

ロマンチック街道沿いにはロマンチックなスポットが無数にあるが、なかでもアウクスブルクは必見だ。金融都市として栄え、ローマ時代の遺跡がたくさん残っている。ファッフェンヴィンケル地方（聖職者の土地という意味）も見逃せない。ここには200近くの教会や宗教施設がある。興味深いのはシュタインガーデン村にあるヴィースの巡礼教会だろう。ドイツロココ期の傑作としてユネスコの世界遺産に登録されている。この教会にはキリストの古い木像が、金箔を施したパステル調の飾りしっくいの枠のなかに祀られている。キリスト像は喜びの表情で聖なる愛を讃えている。

ロマンチック街道の一方の端には有名なヴュルツブルクの邸宅がある。18世紀にドイツバロック建築家のバルタザール・ノイマンがこの地方の領主司教の栄誉を讃えるために造ったものだ。イタリア式の庭園に囲まれた館には、ベネチア派の天才ジャンバッティスタ・ティエポロの素晴らしいフレスコ画がある。

見どころと滞在

▸ アルプスとマイン川を結ぶのがロマンチック街道。ドイツ人が自国の歴史と美しさを再発見できるようにと、1950年に定められた観光ルートだ。街道沿いには、数々の城や可愛らしい風景、美しい村が続く。

▸ ノイシュヴァンシュタイン城はルートヴィヒ2世の奇抜な好みを満足させるため19世紀に建てられた城だ。ディズニーの映画『シンデレラ』の舞台に使われた。

▸ ロマンチック街道の途中にある「ホテル・ケーニッヒ・ルードヴィッヒ」に滞在してみよう。素晴らしい景色に囲まれたスパとプールがある。

宿泊 Das König Ludwig Hotel ▸ www.koenig-ludwig-hoTel.de

ラグジュアリーなホテル、「チェディ・アンデルマット」の野外ラウンジ。

» スイス

サン・モリッツ

スキーのほか、料理やショッピングも楽しめる。

シャンパンのように輝く町——。サン・モリッツを表す伝説的な表現だ。エンガディン地方の谷にあるサン・モリッツはピッツ・ベルニナ（4049メートル）などの山々に囲まれ、周りにはいくつものロマンチックな湖がある。1年平均して322日の晴れた日を約束してくれる。

しかしサン・モリッツがシャンパンのように人を酔わせるのは、標高が高く、風景が美しいからだけではない。サン・モリッツが持つ他の追随を許さない魅力がそうさせるのだ。事実、この町の名前自体がコピーライトで守られている。

サン・モリッツはアルプスに登場した初の高級スキーリゾートで、冬期オリンピックが2回開催された（1924年と1948年）唯一の地だ。最近ではヨーロッパの上流階層よりロシアの大富豪やアラブの王族の方が多く訪れるようだが、人の好みや流行が変わろうとアルプスの女王としての名声は揺るぎそうにない。エレガンスと気品を備えたシックなシャレーやホテル、レストラン、そして世界有数のブティックが軒を連ねる。これらがサン・モリッツの変わらぬ成功の秘訣だ。2月に訪れるならぜひ、ホースレースの「ホワイトターフ」を見てみたい。英国のアスコットレースと同格の気品あふれるレースだ。

カルティエがスイスで初めての店舗をオープンする際に選んだのが、このサン・モリッツだった。滞在を

見どころと滞在

▸ サン・モリッツは古典的な美しいマウンテンリゾート。グルメ料理、ラグジュアリーなショッピング、ウインタースポーツが一体となってエレガントに享楽できることが魅力。

▸ サン・モリッツはもちろんスキーリゾートとして有名だが、夏は周辺の山々をハイキングするのも格好の楽しみ。近郊の村、ポントレジナではフレスコで装飾された美しい古民家を見ることができる。

▸「チェディ・アンデルマット」は、スイスアルプスの自然と東洋風のコンテンポラリースタイルを融合させた新しいタイプのホテルだ。

宿泊 The Chedi Andermatt ▸ www.ghmhotels.com/en/the-chedi-andermatt

サン・モリッツの夜間の風景はご覧の
ようにとても幻想的だ。

グレッシャー・エクスプレスまたは氷河特急は世界でもっとも名高い列車だ。サン・モリッツからツェルマット（もしくはダボス）までを8時間で走る。

スイスアルプスにはスノーボードファンが思いのままに楽しめるコースがそろっている。

サン・モリッツで行われる氷上競馬「ホワイトターフ」は冬の人気イベントだ。

思い出深いものにするためにこの店で買い物をするなら参考にしてほしい。美しい山景色に囲まれながら冬にはスキー、夏ならハイキングをするのも忘れがたい思い出となるだろう。近郊のひなびた村々を訪れるのもいい。そうした村のひとつ、ポントレジナではフレスコで装飾された美しい古民家が見られる。

サン・モリッツは氷河特急の始発駅だ。列車はいくつもの名所を通過しながら8時間でマッターホーンのふもとにあるツェルマットに到着する。世界でもっとも壮大な景色の中を走る鉄道だ。91のトンネル、深い峡谷を超える291の橋、数々の氷河、4000メートルを越す28の山々を見ながらの旅だ。

カルティエで買い物をするかどうかは別として、もうひとつアドバイスがある。最近注目を集めている高級リゾート、アンデルマットで下車してみてはどうだろう。2013年にオープンした超ラグジュアリーな「チェディ・アンデルマット」はアルプスの風景とシックな東洋風の現代的スタイルを巧みにマッチさせたホテルだ。

作家フロベールはサン・マロを「波の上に置かれた石の冠」と評した。上空から見ると、実に巧みな表現だと感心する。

» フランス

サン・マロ

ブルターニュの海岸沿いは野性的な魅力にあふれる。

紀元1世紀、ローマの歴史学者プリニアスはブルターニュのことを「大洋の目撃者」と評した。地理的な位置とシンボリックな立ち位置を兼ね合わせた表現で、将来に起こることや運命も予測している。この地方ほど海が自らの存在を誇示する場所は世界でも珍しいだろう。風景は常に海によって支配され、時には野性的でロマンチック、時には荒く悩ましい姿に変化する。現実と神話の中間に位置しているような土地だ。

ブルターニュのなかでもサン・マロは特別な町だ。まるで海から隆起したようなこの町について、作家フロベールは次ように書いた。「海の上の要塞に囲まれ

サン・マロの東に位置するカンカルでは、「シャトー・リシュー」に泊まってみたい。建物はマルイニエールと呼ばれる、伝統的なブルターニュの館だ。

たサン・マロは、波の上に置かれた石の冠のようだ。そのマチコレーション（石落とし）が、冠を飾る小さな宝石だ」。

サン・マロは全体が花こう岩で成り立っているので、統一感と緊密さを感じさせる。また要塞の上に建設されているため、サン・マロが持つ強い独立心、頑強で好戦的な性質がよく表れている。フランス国王の許可のもと、敵船を襲う海賊の町として知られ、敵対する英国人たちはサン・マロを“ハチの巣”と呼んだ。

この灰色をした厳つい町には、磁石のように人を引きつける不思議な魅力がある。ロマン主義の父と呼ばれるフランソワ＝ルネ・ド・シャトーブリアン（1768〜1848）はこの町で生まれた。17世紀から18世紀にかけてはフランス随一の港として漁業やスパイス、布の貿易で栄えた。奴隷貿易や海賊の強奪品で懐を潤わせたことも事実だ。

この時代に船主たちはマルイニエールと呼ばれる大きな館を、「冠の外」、すなわち要塞の外側に建てた。これらの館がサン・マロにやわらかな雰囲気を加えている。ホテルになった館も多く、そのひとつが「シャトー・ホテル・デュ・コロンビエ」。「Hotel de Charme et de Caractere」という地域の伝統を大事にするホテルの組合に属している。ロマンチックな旅行に理想的なホテルだ。ホテルの名は日本語に訳すと「鳩小屋の城」。ブルターニュのエメラルド海岸沿いの町やビーチ、青い空を一日楽しんだあと、この鳩小屋に帰ってくると実に落ち着く。

この海岸沿いには洗練されたディナールの町がある。町はその優雅さで上流階級の人気を集め、19世紀半ばにすでに「北のカンヌ」という別名を勝ち得ていた。多くの有名人がここを訪れているが、その1人ピカソはディナールで『水浴の女たち』を描き、映画監督のエリック・ロメールは『夏物語』をサン・マロで撮影した。この愛と裏切りの物語はレクリューズ海岸とサンティエ・デ・デュアニエの崖に打ち寄せる荒々しい波のようだ。サンティエ・デ・デュアニエは100年以上前に、英国海峡における密輸業を取り締まるために税関吏がつくった歩道だ。夕暮れ時、海と崖が燃えるような色に染まり、風が雲を踊らせるなかでの心地よい散歩はぜひとも逃したくない。

サン・マロから東へとノルマンディー（そしてモン・サン・ミシェル）方面に進むと、カンカルに出る。絵に描

カンカルは牡蠣の養殖で有名。牡蠣の養殖棚がずっと並んでいる。

「船へようこそ」と書いてある看板。カンカルの港にある典型的なオイスターバーだ。1ダースの牡蠣と冷えたミュスカデを楽しめる。

見どころと滞在

▶ フランス北西のブルターニュ地方に行くなら、サン・マロを訪れたい。112ページの写真にあるように、海から隆起したような独特の地形の町だ。

▶ サン・マロにある「シャトー・ホテル・デュ・コロンビエ」は、ロマンチックな旅行に理想的なホテル。

宿泊 Le Château Hôtel Du Colombier ▶ www.saintmalo-hotelcolombier.com

▶ サン・マロを出発点に東へカンカルの方面に進むと、野性的な魅力に満ちたブルターニュの海岸線が続く。さらに東に行くと、世界遺産の「モン・サン・ミシェル」がある。

サン・マロ湾に浮かぶ世界遺産のモン・サン・ミシェル。夕焼けに映るその姿は神秘的な美しさに輝く。

いたような海辺の村で、牡蠣の養殖で世界的に有名なところだ。牡蠣は媚薬効果があるとされている。ぜひ有名シェフ、オリビエ・ロランジェが経営している「ル・コキヤージュ」で味わいたい。このレストランはホテル「シャトー・リシュー」のなかにある。1920年代に建てられた海を見渡す大きな館で、ロマンチックでくつろげるホテルだ。広い庭では自家用の野菜を栽培している。

モエ・エ・シャンドン社のシャンパンが貯蔵されているセラー群。

» フランス

シャンパーニュ地方

シャンパンの拠点ランスとエペルネーを訪ねよう。

シャンパンについて英国の偉大な政治家ウィンストン・チャーチルは、次のような言葉を残している。「勝利のあとでは褒美であり、敗北のあとでは慰めとなる」——。シャンパンは人生の最大の楽しみのひとつだと彼は考えていた。同じく英国の作家オスカー・ワイルドはシャンパンの泡を情熱の火花にたとえ、「結婚した男女の所帯では、一流のシャンパンはめったに姿を現さない」と鋭いウイットと皮肉を込めたコメントを残した。

修道士ドン・ペリニヨンは1670年にシャンパーニュ方式を発明したとされる。この情報は誤りの可能性が高いが、いずれにせよ伝説によるとでき上がったばかりのシャンパンをひと口飲むと、彼は同僚にこう叫んだという。「早く飲みに来い！星みたいな飲みものができ上がったぞ！」

シャンパンは特別なときにさらに「何か」を加える魔法の力がある。そして特別なときの迎え方としては、この魅惑的なワインを生む土地で数日間を過ごす以上のものはない。季節は収穫時の秋がお勧めだ。マルヌ川が流れるフランスのシャンパーニュ地方は、パリから東北へ150キロほどの距離にある。

まずはドン・ペリニヨンの墓があるオーヴィレール修道院から見学を始めよう。そこからランスへ向かうといい。ここはシャンパーニュ地方の主要都市で、かつてフランス王の戴冠式が行われた有名なノートルダム大聖堂がある。現在はシャガールが制作したステンドグラスが教会を飾っている。この歴史的な町では、ガリア様式からアールデコまでありとあらゆる建築様式を見ることができる。

ランスにはヴーヴクリコ、マム、ルイナール、テタンジェ、ポメリーといった有名なシャンパンのメゾンが軒並み本拠を構えている。ポメリー社の建物はネオゴシック・エリザベス王朝式で19世紀末に建築された城だ。これは英国人の顧客を引きつけるための企てだったという。どのメゾンも石灰岩を掘削してつくった地下セラーの見学や最高級のシャンパンの試飲会を提供している。

ランスの中心部からそれほど遠くないところに「ド

この地方のブドウ畑は年間2億3600万リットルのシャンパンを生産する。

メーヌ・レ・クレイエール」というルレ・エ・シャトー（ホテルとレストラン）がある。ここはフランスでもっとも素晴らしいルレ・エ・シャトーと評価が高い。“小さなベルサイユ”と呼ばれているが、豪華な内装や格調高いレストランを見るとそれもうなずける。ワインリストには300を超える最高メゾンのシャンパンが並ぶ。

キラキラと輝く一夜を過ごしたあと、車、自転車、またはマルヌ川をさかのぼる船に乗って旅を続けよう。葡萄畑に囲まれた美しい村を見学し、エペルネーに到着する。人口2万6000人のこの町はシャンパンの都といわれている。岩を削ってつくられたセラーの距離を合計すると、少なくとも110キロになり、そのなかに2億本のシャンパンが貯蔵されている。

エペルネーの有名なアヴェニュー・ド・シャンパーニュ通りには、モエ・エ・シャンドン、ペリエ・ジュエ、メルシエ、ポル・ロジェなどのメゾンの本部が並ぶ。どれも訪ねる価値があるが、冒険心が旺盛な人は規模の小さなルクレール・ブリアンを訪ねてみてはどうだろう。ロープを頼りに洞窟探検でもするようにセラーに下ると、サブラージュというサーブルを使って瓶を空ける昔ながらの方法を見ることができる。

ここに注目

シャンパンのセラー

▸ シャンパーニュ地方には、有名なシャンパンのメゾンが本拠を構えるエペルネーやランスの町がある。世界的に有名なモエ・エ・シャンドン社のシャンパンは、エペルネーのなかでもっとも大きなセラー群に貯蔵されている（写真左上）。セラーは岩石層を掘ってつくったもので、27キロに及ぶ迷路のような通路で構成され、何十万本もの瓶が貯蔵されている。モエ・エ・シャンドン社では見学ツアーを行っており、最高級のシャンパンを試飲できる。ランスにも多くのメゾンがあり、地下セラーの見学を行っている。ランスに宿泊するなら、本文で紹介している「ドメーヌ・レ・クレイエール」がお勧めだ。

宿泊 Domaine Les Crayeres ▸ www.lescrayeres.com

ランスからさほど遠くないところに7ヘクタールの公園に囲まれた「ドメーヌ・レ・クレイエール」がある。美しい建築、贅沢な調度品、洗練された雰囲気を供えたこのホテルは“小さなベルサイユ”と呼ばれている。

「ドメーヌ・レ・クレイエール」のバー、“ラ・ロトンド”で客は素晴らしい緑の風景を眺めながら、シャンパンをすすることができる。

ホテルのエレガントな一室。シャンパンのように魅惑的でキラキラ輝く一夜を約束してくれる。

ロワール川のほとりにアンボアーズの町がある。町の中心にあるアンボアーズ城はフランスの歴史において主役を演じ、ルネサンス期にはヨーロッパの重要な政治的、芸術的役割を担った。

» フランス

ロワール渓谷

世界有数の美しい城をいくつも見学しよう。

フランスではセーヌ川は“パリの花嫁”、ロワール川は“愛人”と例えられることがある。「権力の愛人」としてロワール川は王家の盛衰や陰謀、対立、虐殺を目撃し続けてきた。この川の岸で起きたことを追っていくと、歴史は常にフランスで一番長いこの川とともに歩んできたことが分かる。

ロワール川沿いには、「美の愛人」として周りの風景に完璧に溶け込んだ世界有数の美しい城がある。全長1012キロのロワール川はいくつもの小川や運河に分岐しながら、森、ブドウ畑、庭園、時には都市や村の中を流れていく。「穏やかなフランス」という表現がぴったりの地方だ。

オルレアンとトゥールの間、ロワール川とその支流が流れる地方は「王家の谷」と呼ばれる。この地の有名な城をめぐっていると、まさに魔法にかかったような気持ちになる。そのひとつのシャンボール城は16世紀、フランソワ1世の誇大妄想が生み出した城だといわれている。コソン川のほとりにあるこの城は、凝った煙突、塔、ロジア（屋根付きの柱廊）などの外観が見る者を圧倒する。内部も外観に劣らない。440の部屋、

夢のように美しいアゼ＝ル＝リドー城はアンドル川の中州に建っている。ロワール川沿いの城のなかでもっとも人気のある城のひとつだ。

シャンボール城はロワール川流域で最大の城で、ルネサンス建築の傑作だ。朝霧にたたずむ姿は幻想的。

壮大な二重階段（レオナルド・ダ・ヴィンチが設計した可能性もあり、彼の才能を示すものだ）などがある。

ブロワ城は3000点もの芸術品の所蔵を誇る。ここはアンリ4世と王妃マルグリット・ド・ヴァロワの居城だったが、2人の結婚はまったく政略的なものだった。マルグリット・ド・ヴァロワはその奔放さで後世に名を残したが、彼女の最初の、そしてもっとも信頼を置いた愛人であったギーズ公アンリ1世は王の命令によってこの城で暗殺された。

ロワール渓谷を下ると、おとぎ話に出てくるようなショーモン城がある。ノストラダムスをはじめ多くの占星術師が滞在したという説もある。アンボアーズ城は今もフランス王家の直系の子孫であるパリ伯が所有している。

ここからロワール渓谷は開け、西方のトゥールへと向かう。この途上、シュノンソー城にはぜひ立ち寄ってみよう。アンリ2世の妻であったカトリーヌ・ド・メディシスと、愛人であったディアーヌ・ド・ポワチエが競い合った城だ。城と庭がかもす蠱惑的な雰囲気はディアーヌの情熱の成せる技で、シェル川にかかる橋にグランド・ギャラリーを建設したのはカトリーヌの功績と言われている。

近くのヴィランドリー城は女性的な魅力を持った城だ。美しいルネサンス様式の庭園の凝った迷路は特にそれを感じさせる。バルザックはアゼ＝ル＝リドー城を「アンドル川にきらめくダイヤモンド」と絶賛した。いかめしいアンジェ城は14世紀につくられた「黙示録タペストリー」が有名だ。

見どころと滞在

▸ ロワール川といえば城めぐりというほど、この川沿いには世界有数の美しい城がずらりと並んでいる。日程を確保してゆっくりと滞在したい地域だ。

▸ 城の建築には多くの物語が伴う。シュノンソー城では、ギャラリーの建設はカトリーヌ・ド・メディシスが、庭の一部はディアーヌ・ド・ポワチエの命令によってつくられた。2人の貴婦人の対抗心がこの城に表れている。

▸ アンジェ城の近くに城を改造した素晴らしいホテル「シャトー・デ・ブリオティエール」がある。50ヘクタールもある広大な庭園はそれだけで一見の価値があり、ぜひ散策の時間をとっておきたい。

宿泊 Château des Briottieres ▸ www.briottieres.com

シュノンソー城のグランド・ギャラリーはシェル川にかかる橋の上に建てられ、この城でもっとも美しい部分のひとつだ。

ショーモン城に行くにはロマンチックな船で渡る。

アンジェの巨大な城壁の近くに城を改造した素晴らしいホテルがある。「シャトー・デ・ブリオティエール」だ。6世代にわたって貴族の一家が所有している。建物は15世紀に建設され、18世紀に再建された。50ヘクタールある庭園では大切な人とロマンチックな散歩ができるし、豪華な調度品で飾られたスイートはロワール川のように、愛の物語に満ちたバカンスを約束してくれる。

アンジェ城近くの公園のなかにある「シャトー・デ・ブリオティエール」は、エレガントなホテルに変身した。

» フランス

ムジェーブ

アルプスのなかでもっとも洗練されたリゾート。

ムジェーブはエキサイティングなスキーリゾートだ。

毎年、1月の後半にムジェーブでは犬ぞりレース「ラ・グランド・オディセ(オデュッセイア大会)」が開催される。10日間かけて1000キロの距離を走る。

見どころと滞在

▶ ムジェーブはもともと上流階級のためのスキーリゾートとして開発されたが、いまや総合的な高級リゾートとして発展している。

▶ スキー以外にも魅力がある。そのひとつはムジェーブからモンダルボワまで、キリストの磔刑像がある14の教会を訪ねるハイキングコースだ。これらの教会は18世紀に建てられた。理想郷のような美しい風景のなかにある。

▶ 「レ・フェルム・ド・マリ」は、ムジェーブのなかで伝統的なスタイルを忠実に保っているホテルだ。アルプスのリゾートの本質をロマンチックに、デラックスに演出している。

宿泊 Les Fermes de Marie ▶ www.fermesdemarie.com

エバジオン・モン・ブランと呼ばれるスキーリゾートは標高716メートルから2350キロまでの範囲に及び、ムジェーブ、ラ・ジェッタ、コンブルー、サン・ジェルベ、サン・ニコラ、レ・コンタミンヌにまたがって広がる。ここには全長にして455キロのゲレンデと107のスキーリフトが備わっている。しかしスキーだけが目的でムジェーブに来る人はめったにいない。ここはオートサボア県の中心部に位置し、アルプスのなかでもっとも洗練されたリゾートなのだ。パリには20の区があるが、ムジェーブは21番目の区だと言われている。すなわちパリ的な生活のすべてがここに凝縮しているのだ。

シャモニー、サン・モリッツ、コルティナなどのライバルリゾートでは、アルプスのガイドや伝説的なスキー選手がリゾートを代表する人物である場合が多い。しかしムジェーブの場合、物語に登場するのは貴族、テーラー、建築家の三者だ。

貴族とはノエミ・フォン・ロートシルト男爵夫人。彼女は1926年にこのシャンパングラスのような形をした谷にやって来て、上流階級のためのスキーリゾートを企画した。建築家はアンリ・ジャック・ル・メム。大学で建築学を修めた後、サボア農家をモデルにしたバカンス用の別荘を設計した。窓を大きくし、テラスを加え、部屋を広げ、馬小屋をスキーやブーツの収納部屋に改造して、アルプスを楽しむためのシャレーができ上がった。ちょうどその頃、テーラーのアルマン・アラールがスキー用の細身のズボン「フュゾー」をつくり始めていた。裾がブーツに入り、足裏をゴムで締めるパンツはエレガントで機能的なスキーウェアとなった。

その後、ムジェーブはどんどん高級リゾートに成長していった。1950年にはロートシルト男爵夫人と同様のシャレーがムジェーブだけでも100軒建ち、流行の先端を行くスキーウェアのブティックが30軒以上できた。1963年にはオードリー・ヘプバーンとケーリー・グラント主演のハリウッド映画『シャレード』の撮影がムジェーブで行われた。

「レ・フェルム・ド・マリ」はサボア風のスタイルを忠実に再現したホテル。

客室は木の壁、赤々と燃える暖炉、伝統的な家具、暖かい色合いに包まれている。

スキーを楽しんだあと、「レ・フェルム・ド・マリ」の客にはおいしいホームメードケーキとお茶が待っている。そのあとはスパでくつろぐか、村とゲレンデを見下ろすプールでひと泳ぎすることもできる。

「レ・フェルム・ド・マリ」は、サボア伝統の羊小屋、馬小屋、納屋を想像力豊かに改装したものだ。

今日、ムジェーブには90のグルメレストランがあり、そのなかにはミシュランの星がついたものも多い。スキー以外では、広大な眺望を目にしながら雪に覆われたコースで行う冬のゴルフ、熱気球でのロマンチックな飛行などがある。

高い評価を受けたホテルも数多くある。なかでも伝統的なスタイルを忠実に保っているのが、「レ・フェルム・ド・マリ」。古いサボアのシャレー8軒をロマンチックなホテルに改造した。羊小屋はプールに変わり、穀物倉はグルメレストランになった。客室はラグジュアリーな山の隠れ屋の趣を持ち、暖炉の炎（と愛）に暖められたすてきな夜を約束してくれる。

サン＝ポール＝ド＝バンスにある伝説的なホテル「ラ・コロンブ・ドール」のプールサイド。アレクサンダー・カルダーの巨大なインスタレーションがある。

» フランス

コートダジュール

個性豊かな町が連なる南仏きっての保養地。

コートダジュールとはイタリアのジェノバからフランスのマルセイユまでの地中海の海岸線、特にマントンからサン・ラファエルまでの地域を指す。この名前はブルゴーニュ地方の作家・詩人のステファン・リエジャールが1887年につけたものだ。深い教養と広い心の持ち主だったが、まさか自分がつけた名前が地名だけでなく、国際的に認められた「商標」のようなものになるとは想像しなかっただろう。コートダジュールの存在意義は「美」を提供することだ。大文字で書かれた「美」だ。

コートダジュールの光にはほかと比べようのない美しさがある。それも飛び抜けた美しさだ。海の色も花の香りもほかに類がない。そしてそれぞれの地域が独自の物語と魅力を持っている。例えばモンテカルロはいささかキッチで贅沢。アンティーブとカップ＝フェラは億万長者が住む岬。ニースには高貴な雰囲気があり、カンヌやサントロペはファッショナブルでまばゆい。でもこれらは海岸線にある有名な町の名を挙げたに過ぎない。その周りには素晴らしい地域がまだたくさんあるのだ。少し内陸に入ると、岩山にへばりつくような村や集落が続く。建物は豊かな風景と見事に調和している。

芸術家がこれらの村々に魅せられたのも偶然ではない。画家オーギュスト・ルノワールはニースの近くの丘の上にあるオー・ドゥ・カーニュに移り住んだ（現在は美術館になっている）。ブーゲンビリアが咲き乱れるビオの石段はフェルナン・レジェにインスピレーションを与え、彼はここに巨大なモザイクの作品を残した。ニーチェはニースとモナコの間に位置するエズで『ツァラトゥストラはかく語りき』の一部を書いたとされていて、この本から引用した言葉で壁を飾った家もある。エズは崖の上にあることから、「鷲の巣」とも言われている。

バンスにあるロザリオ礼拝堂は、「チャペル・マティ

丘の上に立つサン＝ポール＝ド＝バンスはピカソやマティスが好んだ場所だ。

ス」の名前の方が有名かもしれない。マティスが設計し装飾したチャペルで、自身の最高傑作だとみなしていた。ステンドグラスに使われているのはこの地方の典型的な色で、それぞれの色が命を持っているようだ。この礼拝堂はマティスからコートダジュールへのプレゼントだった。

少し行くと有名なサン＝ポール＝ド＝バンスがある。この村はとても芸術の香りに満ちている。100軒以上のアートギャラリーがあるが、そのなかでもっとも評価すべきは伝説の宿「ラ・コロンブ・ドール」だろう。何十年にもわたりルー一家によって経営されており、創業者は芸術家が宿泊したり食事したりする際の代金を作品で支払ってもらっていた。そのため充実したコレクションができ上がったのだ。花が咲き乱れるテラスを上った先にある客室には、絵やデッサン、コラージュ、彫刻、写真、記念品が飾ってある。作者はピカソ、シャガール、ミロ、デュビュッフェ、スーティン、モディリアーニ、カルダーなど偉大な芸術家ばかりだ。

見どころと滞在

▶ 地中海に面したフランス南岸の保養地コートダジュールは、昔から多くの芸術家をひきつけてきた。モンテカルロ、ニース、カンヌ、サントロペ、丘の上のサン＝ポール＝ド＝バンスなど滞在・観光のステイ先はとても多い。

▶ 美術好きな人もコートダジュールは欠かせない。ニースにはマティス美術館、マルク・シャガール国立美術館、ニースの隣町のカーニュ＝シュル＝メールにはルノワール美術館、サントロペにはアノンシアード美術館がある。

▶ サン＝ポール＝ド＝バンスにある「ラ・コロンブ・ドール」は、かつてシャガールをはじめ芸術家や知識人のたまり場になった伝説的なホテルだ。

宿泊 La Colombe d'Or ▶ www.la-colombe-dor.com

カンヌの旧港。カンヌの町はコートダジュールの永遠の神話だ。ここからさほど遠くない所に花市場と伝説のクロワゼット・プロムナードがある。

フランシス・スコット・フィッツジェラルドが小説『夜はやさし』の舞台にアンティーブを選んだのは不思議ではない。アンティーブ岬には星の形をしたカレ砦があり、ここから周辺の景色を一望できる。

夕暮れ時の光はサントロペのマリーナに面した家を温かく包み込む。ここは5月から9月まで映画スターと豪華船でにぎわう。もちろんパパラッツィーも…。

「クリスタッロ・ホテル」のプール。

» イタリア

コルティーナ・ダンペッツォ

イタリア北東部ドロミーティ山地の景勝地。

20世紀イタリアの有名な作家ディーノ・ブッツァーティは、イタリア北東部にあるドロミーティ山地についてこのような言葉を残している。

「雪のように白いこともあれば、太陽のような黄色、雲のような灰色、バラの花のピンク、焦げた木の黒、血のような赤…谷の底から見上げる人にはどんな色に映るのだろう。白、黄、灰色、真珠色、銀、死体のように青白、バラのようにピンクなのだろうか。これらは石なのか、雲なのか。幻なのか現実なのだろうか」。変幻自在なドロミーティ山地を言い表したものだ。同じく20世紀の巨匠ル・コルビュジエは「世界でもっとも美しい建築物」とこの山々を讃えた。

2010年にユネスコはドロミーティ山地の希有な自然を世界遺産に登録した。ドロミーティ山地は全体として素晴らしいのはもちろんだが、個々の頂、ひとつひとつの谷や村が美しい。バカンスでここを訪れた人はそれぞれ自分のお気に入りの場所や風景を見つけるだろう。ドロミーティ山地は冬、それとも夏に行くべきなのだろうか。それもやはり各人の好み、フィーリングが決めることだろう。

しかし季節に関わりなく、ドロミーティ山地の麓にある町、コルティーナ・ダンペッツォがドロミーティの女王であることには誰も異存がないだろう。1909年に開通したドロミーティ街道はボルツァーノ市とコルティーナ市を結ぶためにつくられた。1956年にはコルティーナで冬期オリンピックが開催された。ドロミーティ山地では初めてのことだった。

また、トファネ山、クリスタッロ山、ファローリア山、チンクエ・トッリ、ベッコ・ ディ・メッツォディ山、ソラピス山、クロダ・ダ・ラーゴなど名峰に囲まれたコルティーナは、高地版の「ドルチェヴィータ」の舞台ともなっている。この町ではスポーツへの情熱と享楽的な生活が混じり合い、それがイタリア的な陽気さで味付けされているのだ。

コルティーナの神話の主役は（化粧を直し、美しく若返った）老婦人、「クリスタッロ・ホテル」だ。アルプスで初めて5つ星を獲得したホテルだ。多くの有名な恋物語がここで始まったし、名作映画のセッティングにも使われた。そのひとつがピーター・セラーズ主演の『ピンク・パンサー』だ。町にはヨーロッパの大都市に負けないブティック、レストラン、ナイトスポットがある。また、ヨーロッパでも有数の広さを誇る滑降ス

サンティ・フィリッポ・エ・ジャコモ教会の鐘楼はコルティーナの町の中心にあり、町のシンボルとなっている。

アルプスの象徴であるトレ・チーメ・ディ・ラバレード。別名「ドロミアの3本の指」。ドロミーティ山地のなかでこれほど有名で多く撮影された山はないだろう。夕刻に峰は黄金色に輝く。ベネト州のアンペッツォ地方とアルト・アディジェ州のプステリア渓谷の境となっている。

キーやクロスカントリースキーのコースを持つ。そしてすぐ近くにはトレ・チーメ・ディ・ラバレードなど雄大な自然がある。

コルティーナの紋章は中央に塔があり、両端にもみの木が並ぶ。バックは空色。下の銀箔のリボンにはラテン語でモットーが書いてある。「質素に生き、穏やかに眠る」。果たしてアンペッツォの宝石であるこの町にマッチしたモットーだろうか。しかしコルティーナはドロミーティの女王であるだけではない。美と逆説が同居する国、イタリアにも属しているのだ。

東ドロミーティ山地のなかでもっとも雄大なトファネ山。多くの有名なゲレンデがあり、登山ルートにはケーブル、鉄の段、ペグ、階段などが備わっている。素晴らしいハイキングコースもある。

見どころと滞在

▶ 冬期オリンピックが開催されたこともあるコルティーナ・ダンペッツォは、ドロミーティ山地の麓にある景勝地だ。

▶ コルティーナの町の中心にあるサンティ・フィリッポ・エ・ジャコモ教会は、山で結婚式を挙げようとするカップルの間で大人気。背景はドラマチックな岩の峰だ。

▶「クリスタッロ・ホテル」は1901年にオープン。名作映画のセッティングにも使われ、アルプスで初めて5つ星のラグジュアリーホテルとなった。

宿泊 Cristallo Hotel, Spa & Golf ▶ www.cristallo.it

コンドラが行きかうカナル・グランデ。このカナルをまたぐ4本の橋のなかでもっとも有名なのがリアルト橋。

» イタリア

ベネチア

傑作があふれ圧倒的な美しさに彩られる町。

誘惑とは何を意味するのだろう。誘惑することか、されることか。それとも誘惑に身をまかせることなのか。受動的でありながら自発的であり、偶然であると同時に意図的な行為として――。

ベネチアを訪れる人に限っていうなら、最後の定義が当てはまるだろう。魅惑されるために、その圧倒的な美しさに身をまかせるために行くからだ。ベネチアはいつの時代にも愛の、そして官能の物語の舞台であった。「愛は私の命をつなぎとめる、再び死ぬと知りながらも。…自分の魂を差し出すから、貴女の魂も渡してほしい」と書いたのは、ベネチア出身の有名な誘惑者ジャコモ・カサノヴァだ。彼は自分でも認めるように、あきれるほど繰り返し恋に落ちた。一日限りの場合もあったが…。

恋をしている人も恋を求めている人も、ベネチアに足を運ぶことをためらってはいけない。おすすめの季節は秋。もっともロマンチックで、繊細で、退廃的で、はかなく、利那的な魅力に満ちた季節だ。ラグーナ（潟）から立ち上る霧の心配もないし、洪水の可能性もない。付け加えるならツーリストが少ない季節でもある。しかしツーリストであるからにはゴンドラに乗り、カナル・グランデ沿いの素晴らしい宮殿などを眺め、リアルト橋をくぐり、それから人気のない細いカナルに入っていくべきだ。サン・マルコ広場のカッフェ・フローリアンでコーヒを飲むことも忘れてはならない。ここはベネチアの遊女たちがランデブーに使ったエレガントなカッフェだ。

ベネチアの最大の問題は、見学するところがあまりにも多いことだ。偉大な建築のほかにも教会、博物館、貴族の館など傑作にあふれている。サン・マルコ寺院、サンタ・マリア・デイ・ミラーコリ教会、ドゥカーレ宮殿、コッレール博物館、カ・ドーロなど有名なものだけを選んでも数カ月かかってしまう。

ベネチアで迷子になるのは避けることのできない楽しい体験だ。地図を見ながら歩けば特に迷いやすい。要するにベネチアの誘惑に身をまかせるしかないのだ。

ベネチアでもっとも人が訪れる教会はサン・マルコ寺院だろう。ビザンチン様式のドームと鐘塔が広場にそびえ立つ。

迷路のような路地、小広場、手工芸品の店、真のベネチア魂が寄り集まるカナレジオやドルソデューロ地区にあるバカリと呼ばれる昔ながらのレストラン。見どころは尽きない。

さらに時間があるなら、水上バスやボートに乗ってラグーナの島々も訪れたい。ムラーノ島は吹きガラスの本場、ブラーノ島はレース編みのふるさとだ。偉大な建築家パラディオが設計したレデントーレ教会があるジュデッカ島もいい。トルチェッロ島には田園風景が残り、サン・ラッザロ・デッリ・アルメーニ島にはこの世とは思えない修道院がある。

ベネチアにはこじんまりした宿や眺めのよいホテルが数多くある。しかしリヴァ・デッリ・スキアヴォーニ通りにある「ホテル・ダニエリ」に勝るホテルはないだろう。「もっとも高貴な共和国」ベネチアの魅惑を凝縮するこのホテルは、金箔とビザンチン風ベルベットで埋め尽くされ、数多くの恋物語が始まる瞬間を目撃している。その1つが19世紀ロマン主義文学を代表するアルフレッド・ド・ミュッセとジョルジュ・サンドの恋だ。当時23歳だったミュッセはホテル・ダニエリに泊まっていた30歳近いサンドに手紙を送った。「親愛なるジョルジュ、僕の愚かな告白を聞いてほしい…君に恋をしているのだ」

ここに注目

ホテル・ダニエリ

ベネチアの「ホテル・ダニエリ」には、もっとも古い部分にパラッツォ・ダンドロ館があるが、ここのホールと階段は見ごたえがある。この館は14世紀にベネチアの名家の依頼によって建てられたが、もっとも有名な1人エンリコ・ダンドロはコンスタンチノープルの略奪に加わり、金、大理石、ビザンチンの品々を戦利品として持ち帰った。

宿泊 Hotel Danieli ▶ www.danielihotelvenice.com

リヴァ・デッリ・スキアヴォーニ通り、「ホテル・ダニエリ」の前に停泊するゴンドラ。この通りはサン・マルコ湾に沿って続く。ベネチア共和国の時代、“スキアヴォーニア”と呼ばれたダルマチアの商人にちなんで付けられた名前だ。

“ベネチアでは誘惑に身をまかせたい”

「ホテル・ダニエリ」のテラスにあるレストラン、テラッツァ・ダニエリでは夕食の準備ができている。かつてベネチアの貴族たちが東洋の宝物を積んだ船が到着するのを眺めたのと同じ風景が広がる。

「ホテル・ダニエリ」にあるパラッツォ・ダンドロ館のホールと階段。

「ホテル・ダニエリ」でいくつの恋が始まったのか、いくつの愛が実ったのか知ることはできない。もっとも有名なのはジョルジュ・サンドとアルフレッド・ド・ミュッセの恋物語だ。彼らは10番の部屋に泊まった。

ガルダ湖のベローナ寄りの岸辺にある町マルチェージネ。晴れた日には氷堆石の山々を背にした姿が映える。

» イタリア

ベローナ

ジュリエットゆかりのロマンチックな町。

恋人がケータイでメッセージを送り合う時代、ベローナに暮らす少女は毎年4000通ものラブレターを受信するそうだ。名前はジュリエッタ・デ・カプレーティ。歴史上もっとも美しく悲劇的なラブストーリー『ロミオとジュリエット』のヒロインだ。ジュリエットはおそらく架空の人物だろうが（シェークスピアはベローナに行ったことはなかった）、この美しい町で今も生き続け、観光客の人気の的となっている。

旧市街の中心部ビア・カペッロにあったとされるジュリエットの家には、世界中から恋する男女が詣でに訪れる。この家の中庭にあるジュリエット像の右胸に触れると恋が実るとされている。誰しもが有名なバルコニーの前で写真を撮りたがるが、このバルコニーは後年、本物らしく見せるために付け加えられたものだ（この家は14世紀に建てられた）。

ジュリエットの墓は旧カプチン会修道院の地下室にある。何百年にわたってここを訪れた人々によって石棺は少しずつ削り取られ、記念として持ち帰られてしまった。オーストリアのマリア・ルイーザはその破片をアクセサリーに使ったとされる。墓の前には毎日、花やラブレターが供えられる。ここで結婚式をあげるカップルも多い。ベローナにはジュリエット宛に送られるさまざまな言語の手紙に返信するボランティアグループがある。「ジュリエットの秘書より」とサインするそうだ。

シェークスピアに関わる話題はさておき、ベローナは愛の町と呼ばれるのにふさわしい。湾曲するアディジェ川に囲まれた旧市街は実にロマンチックなエリアだ。エルベ広場、ダンテ広場などは恋人と密かに会うのに最適な場所だろう。数ある歴史的建造物のなかには、イタリアでもっとも素晴らしい円形劇場のひとつアレーナ・ディ・ベローナがある。ここでは毎年野外オペラフェスティバルが開催され、世界中から音楽愛好家が集まる。川にかかる美しい銃眼付きの橋を

「ベローナの壁なくして、世界は存在しえない」とシェークスピアは書いた。アディジェ川の湾曲部にある旧市街は宝の山だ。もっともロマンチックなのがジュリエットの家。

伴ったカステルベッキオ城は、中世にベローナを支配していたスカラ家の居城だった。

シェークスピアは「ベローナの城壁の外に世界は存在せず」とロミオに語らせたが、城壁の外側には人生を賛美したくなるような素晴らしいスポットがいくつもある。ガルダ湖はさほど遠くないし、バルポリチェッラ地方の美しい丘にはブドウ畑が広がり、ルネサンス期、バロック期、新古典主義期の邸宅が数多く残る。

ワイナリーやシックなホテルになったものもある。そのひとつが、「ビブロス・アート・ホテル・ビラ・アミスタ」だ。18世紀の建築とフレスコ画、エレガントなイタリア式の庭が現代アートと解け合っている。マリーナ・アブラモヴィッチ、ジャン＝ミシェル・バスキア、ダミアン・ハースト、アニッシュ・カプーア、ソル・ルウィット、ピエロ・マンゾーニ、ロバート・インディアナなどの素晴らしい作品がホテルに並ぶ。ロバート・インディアナの有名な彫刻作品“LOVE”もここにある。

見どころと滞在

▸ イタリア北部の都市ベローナは、シェークスピアの悲劇『ロミオとジュリエット』の舞台となったことで知られている。旧市街の中心部にあったとされるジュリエットの家には、世界中から訪れる恋人たちが有名なバルコニーの下で永遠の愛を誓う。

▸ ベローナ近郊のバルポリチェッラ地方はワインの産地。古い邸宅が残っていることでも知られ、その多くはワイナリーになっている。名高いジャルディーノ・ポジェーガ庭園もバルポリチェッラ地方で300年以上もワインをつくり続けている。

▸ バルポリチェッラ地方にある「ビブロス・アート・ホテル・ビラ・アミスタ」は、エレガントな庭に囲まれ、現代アートのインテリアで飾られている。

宿泊 Byblos Art Hotel Villa Amista ▸ www.raffles.com/siemreap

世界的に有名なレチョートとアマローネは、ベローナ近郊のバルポリチェッラ地方のワイン。ここには豊かな自然と伝統が息づいている。

“人生を賛美したくなるようなスポットがたくさんある”

ネグラールにあるビラ・グエリエリ・リッツァルディのエレガントなジャルディーノ・ポジェーガ庭園。

エレガントな庭に囲まれた「ビブロス・アート・ホテル・ビラ・アミスタ」はバルポリチェッラ地方にある。現代アートのインテリアが部屋によくマッチしている。

ポルトフィーノのこの広場は500人の住民の暮らしの中心となっている。ジェットセットもここに集う。

» イタリア

ポルトフィーノ

イタリア北西・リグーリア海岸で過ごしたい景勝地。

ポルトフィーノの港は小さいが、その先には紺碧の地中海が広がっている。1889年、海路でここに到着した偉大な作家ギ・ド・モーパッサンは以下の言葉を残している。「静かな入り江と三日月の形をした小さな村…この湾に入った瞬間、私はそれまで知らなかった感動を覚えた」。そして「円形劇場のように並ぶ家々に向かって道を登ると、周囲には深い緑色をした涼しげな森がある。その姿が静かな水の鏡に映っている。眠る船に混じって…」

『ベラミ』の著者であるモーパッサンが今、夏のポルトフィーノに行ったとしたら、豪華なヨットの白いマストが森のように並んでいる光景に驚いてしまうだろう。いまやポルトフィーノはリグーリア海岸でもっとも人気のある湾となっているのだ。

古代ローマ時代、ここはイルカが多いことからポルトゥス・デルフィニ（Portus Delphini－イルカの港）と呼ばれていた。現在は海洋自然保護地区に指定されており、イルカは泳ぎ続けている。モーパッサンが上記の文章を書く前から、ポルトフィーノは上流階級の間で人気を博していた。1845年にはジェノバ在任の英国領事がサルデニア王国からポルトフィーノの要塞を買い取り、夏の別荘として利用していた。

「ベルモンド・ホテル・スプレンディード」は修道院を改装したホテル。海に向かって段状に下りて行く庭には樹齢数百年の木々が植わっている。

松や栗の木に囲まれたポルトフィーノは円形劇場の形をしている。

これに続きヨーロッパ中の貴族が村外れに別荘を建て始めた。のちにはエレガントな「ベルモンド・ホテル・スプレンディード」でバカンスを過ごす人も現れた。このホテルは古い修道院を改装したもので、ポルトフィーノに滞在するなら（リグーリア海岸の他の場所を訪れたい人にも）絶対にお勧めだ。急斜面に沿った庭にはブーゲンビリア、ヤシの木、樹齢数百年のオリーブの木などが植わっている。昔からこの地域では人間と自然が調和して暮らしてきたことを示している。もしくは有名なピアッツェッタ広場に面した別館の「スプレンディード・マーレ」に泊まることもできる。

ポルトフィーノの海岸沿いには文化的アクティビティーがたくさんある。船で少し行ったところにサン・フルットゥオーゾがある。同名の神秘的な修道院が建つ小さな入り江で、修道院のドームが濃い低木の茂みをバックに明るく映える。

その少し先にチンクエ・テッレがある。モンテロッソ、ベルナッツァ、コルニリア、マナローラ、リオマッジョーレと続く5つの美しい村だ。これらの村は引力に抵抗するかのように、崖の上に垂直に立っている。村々はブドウ畑やオリーブの木、森や白い小石の入り江に囲まれた1本の小道でつながっている。この道は世界でもっとも美しい海岸沿いのハイキングコースとして知られている。チンクエ・テッレの全体を歩いてまわるには相当の体力を必要とするが、マナローラとリオマッジョーレを結ぶ1キロの道は誰でもこなせるだろう。海を見下ろしながら、ロマンチックな風景のなかを曲がりくねって続く道だ。実際、この小道には「愛の小道」という名前がついている。

見どころと滞在

▸ ポルトフィーノはイタリア北西、リグーリア海岸でもっとも人気のある湾だ。別荘が広がり、海岸線に沿って約13キロの区間は自然保護区に指定されている。

▸ ポルトフィーノの海岸沿いには、チンクエ・テッレと呼ばれる5つの美しい村がある。そのなかのマナローラとリオマッジョーレを結ぶ「愛の小道」はぜひ散策してみよう。

▸ リグーリア海岸に滞在・観光するなら、エレガントな「ベルモンド・ホテル・スプレンディード」がお勧め。海に向かって下りていく庭には、樹齢数百年のオリーブの木などが植わっている。

宿泊 Belmond Hotel Splendido e Splendido Mare ▸ www.hotelsplendido.com

急勾配の崖の上にへばりつくようなマナローラの村。岩の間を抜け、パノラマ風景を眺めながらリオマッジョーレまで歩いて行ける。その小道の名前は「愛の小道」。

ベルナッツァの岬にあるドリア城の塔。海に沿ったチンクエ・テッレの2番目の村だ。

モンテロッソの沿岸にある聖フランチェスコの銅像。忠実なシェパード犬をなでている。チンクエ・テッレ地方の美しさにみとれているようだ。

ブルネレスキの名作であるサンタ・マリア・デル・フィオーレ大聖堂のドーム。フィレンツェの町にそびえ立つ。

» イタリア

トスカーナの丘

フィレンツェやシエナの町並みと自然を満喫しよう。

シエナにあるラグジュアリーなホテル、「ルレ・ラ・スベラ」の教皇の間には4人も寝られそうな大きなルネサンス期のベッドがあり、紫や黄色のベルベットで統一されている。ナポレオンの間にはナポレオン皇帝の胸像や小さな彫刻が100もある。ニューヨークのメトロポリタン美術館のキュレーターなら何としても手に入れたがるような調度品がルレ・ラ・スベラにはそろっている。

ラ・スベラはもともとシエナにある中世の要塞で、ローマ教皇ユリウス2世が1507年に別荘に改装した。現在はリッチ侯爵が所有している。多くの芸術作品を所有し、美術館はユネスコの世界遺産に登録されている。イタリア式の素晴らしい庭もある。

トスカーナの魅力を堪能するには、このようなホテ

トスカーナのような美しい地方は、空から眺めるのがもっともよいのかもしれない。シエナのカンポ広場が貝の形をしているのが分かるし、この広場を一周するパーリオで馬がどこを走るのかも分かる。

「中世のマンハッタン」という異名を持つサン・ジミニャーノの町並み。

ルに泊まるのが一番だろう。絵画、オペラ、小説、映画の舞台として使われるトスカーナは、イタリア中でもっともイタリアらしい魅力を持つ場所なのだ。ある意味でトスカーナは私たち一人ひとりのなかに、遠い所から来た者のなかにさえあるのかもしれない。なだらかな丘、夕日に輝く尾根、ブドウ畑、一列に並ぶ糸杉、これらを眺めていると、自然と人間が共同で織りなす名画を前にしたような気持ちになる。何世紀も続いた共同作業が、ほかのどこにも見られないような至上の美をつくり上げたのだ。

フィレンツェの宝は数え切れないほどあるが、風景もまた切り離せない要素のひとつだ。例えばアルノ川やフィレンツェを囲む丘、ボーボリ庭園やミケランジェロ広場から市の中心へ向かったところにあるローゼ庭園だ。

シエナの場合も同じだ。カンポ広場も、白黒の大理石で秘教的なシンボルをちりばめた大聖堂も素晴らしいが、周囲の田園風景を見渡せる位置にあってこそ、シエナの本領は発揮されるのだ。

フィレンツェの周辺をまわるなら、曲がりくねったデコボコ道をマウンテンバイクで走るのが一番だ。この道、アネロ・デル・リナシメントは開発による弊害を免れている。ブルネレスキのドームがあるフィレンツェ大聖堂を中心として円を描く170キロほどの道だ。フィエーゾレからキアンティ地方へと、小さな美しい教会、

見どころと滞在

▸ トスカーナはイタリア中部の州で、州都フィレンツェをはじめ、シエナやサン・ジミニャーノなど、イタリアらしい古都を擁する。

▸ フィレンツェの大聖堂などの建築物も素晴らしいが、トスカーナではどこも周囲の田園風景が美しく、時間をとって散策したい。

▸ シエナの近くにあるホテル、「ルレ・ラ・スベラ」はもともと中世の要塞で、ローマ教皇ユリウス2世が1507年に別荘に改装したもの。トスカーナでもっともラグジュアリーなホテルのトップテンに名を連ねている。

宿泊 Relais La Suvera ▸ www.lasuvera.it

忘却のなかに紛れてしまいそうなオリーブの木や糸杉、ブドウ畑、古い家と道。トスカーナでは風景自体が芸術となる。

城、村の点在する田園風景のなかを抜けていく。

シエナの周辺にはさらに見所が集まっている。例えばキアンティとバル・デルザの間にはサン・ジミニャーノがある。塔が立ち並んでいることで有名な町だ。また、バル・ドルチャの谷にはワインで有名なモンテプルチアーノとモンタルチーノの町がある。バーニョ・ヴィニョーニはエトルリアの時代から人気の高い温泉保養地だ。トスカーナの宝のリストは永遠に続く。知り尽くされた名前が多いかもしれないが、トスカーナの丘は心に直接響く感動をもたらしてくれる。

シエナの近くにある「ルレ・ラ・スベラ」はイタリア式庭園の中に建つ夢のようなホテル。

海抜約350メートルのラベッロは、アマルフィ海岸を見下ろすバルコニーのようなところだ。

» イタリア

アマルフィ海岸

高台にあるラベッロで庭園や音楽祭を楽しむ。

イタリア南西部の村、ポジターノの男性陣がひと夏かけて議論を重ね、以下の結論に達した。「女性の胸は美しいものもあり、それほどきれいでないものもある。したがって胸を露にすることは禁止する！」

これは1959年の話だ。当時ポジターノでも、岩陰ではあったが、トップレス水着が登場し始めていた。ここはイタリアで初めてビキニが登場した場所だ。男性が議論している間、女性たちはビキニの小さな上下を鍵棒で編んでいた。これが女性の観光客の間で爆発的に流行した。女性陣は台所の布巾に使う麻布でビーチローブも縫った。これが“ポジターノスタイル”の始まりだ。着心地よく、カラフルで少しくずれている。それ故にシックであるとされた。それ以来、人気が衰えない夏の定番となっている。建築におけるドーリア式（古代ギリシャの石柱の様式）と同等の地位をファッ

ラベッロでは毎年夏、ワーグナーにちなんだ音楽祭が開かれる。

プライアーノの村の家々を燃えるような夕日が照らす。ここのマリーナ・ディ・プライアはアマルフィ海岸で唯一、日の入りが見られるビーチだ。

ションで確立したのだ。

じきにこの美しい村ポジターノ自体が流行の地となり、アマルフィ海岸でもっとも活気があり洗練された場所となった。また、ナポリから訪れるにはもっとも近い村でもある。ポジターノを含むカンパニア州の海岸線全体が、ロマンチックなバカンスの目的地として高い人気を保ち続けている。美食家たちを満足させてくれる素晴らしい料理もそろっている。

しかしアマルフィ海岸に行き着くには、それなりの努力を要する。絵葉書のような入り江、ブドウ畑、レモンの木が茂る丘、花の香り（時にはトマトソースや揚げ物の匂いも）が漂う村々を、けだるいナポリの歌を聞きながら走り過ぎるのだが、この曲がりくねった道を車で30キロも運転するのはドライバーにとっては辛い試練だろう。やっと目的地に到着し、どうにか駐車スペースを確保したとしても、町まで垂直に近い道を上り下りしなければならない。有名な作家ジョン・スタインベックが『ハーパーズ・バザー』誌に書いたように、「ここでは歩いて友だちに会いにいくわけにはいかない。よじ上ったり、滑ったりして友人宅にたどり着くのだ」

しかし長い海の歴史を誇るアマルフィ海岸は人をわくわくさせるものがある。コンドミニアム程度の人口しかない伝統的な村フローレ、さらに南下するとアンチョビソースで有名なチェターラがある。このソースは古代ローマ人にも大人気だったし、パスタには欠かせない。ビエトリ・スル・マーレは色とりどりの陶器が名産だ。

マイオリとミノーリ近辺で海岸線を離れ、ドラゴン

見どころと滞在

▶ イタリア南西部、ナポリの南にあるアマルフィ海岸は、世界でもっとも美しい海岸線として知られる。ラベッロやポジターノなどの洗練された町や村が名高い。

▶ ラベッロには、芸術家や文化人が頻繁に訪れるようになった。そのひとり、リヒャルト・ワーグナーにちなんだ音楽祭が毎年夏に開かれる。

▶ ラベッロにあるラグジュアリーホテル「ベルモンド・ホテル・カルーソ」には、ヴァージニア・ウルフ、グレアム・グリーン、ゴア・ヴィダルなどが好んで滞在した。

宿泊 Belmond Hotel Caruso ▶ www.hotelcaruso.com

「ベルモンド・ホテル・カルーソ」のインフィニティープールは見事な現代建築。ここからの景色が素晴らしい。11世紀に建てられた建物もこのホテルの宝だ。

の渓谷をくねくねと登ったところにラベッロがある。ここはアマルフィ海岸を見下ろすバルコニーのような場所だ。いくつもの小さな教会があり、“小さなアルハンブラ”と呼ばれるルフォロ宮、ヤシの木、果物の木、ブーゲンビリアが茂る庭がある。7月と8月には有名な音楽祭が催される。ここはグランドツアー（18世紀から19世紀にかけて主に英国の裕福な家庭の子息が教養を身につけるためフランスやイタリアをまわった旅行）の時代以来、常に高い人気を集め続けている。ゲーテ、ワーグナー、ジュゼッペ・ヴェルディ、アンドレ・ジード、D.H.ローレンス、ヴァージニア・ウルフ、グレタ・ガルボ、フェデリコ・フェリーニなどがこの小さな村に魅惑された。

当然のことながらラベッロには新婚旅行に人気のラグジュアリーホテルが数多くある。そのひとつが超豪華な「ベルモンド・ホテル・カルーソ」。11世紀の修道院を改装したホテルは、空と海のあいだの絶妙な位置に建っている。

コルチュラ市にあるホテル「レシック・ディミトリ・パレス」のテラスで、海を見ながら朝食を取る。

» クロアチア

コルチュラ島

マルコ・ポーロの生誕地は小さなベネチア。

クロアチア独立後、初代大統領のスティエパン・メシッチが中国を公式訪問した際、中国とアドリア海の東海岸に位置するコルチュラ島の付き合いは数百年前にさかのぼると自慢げに語った。メシッチ大統領はクロアチアの同胞であるマルコ・ポーロがここで生まれたということを根拠に、このような発言をしたのだった。

当然のことながら、この発言は多くのイタリア人を憤慨させることになった。マルコ・ポーロをクロアチア人だとするのはいささか言い過ぎだが、マルコ・ポーロが1254年にコルチュラ島に生まれたことを示す資料はいくつもある。当時コルチュラ島はベネチア共和国の領土だったのだ。

コルチュラ市は小さなベネチアのような町で、似かよった建物と雰囲気がある。聖マルコにささげられた大聖堂もあり、ベネチアを代表する画家、ティントレットやジャンバッティスタ・ティエポロの絵で装飾されている。コルチュラ市ではマルコ・ポーロを観光資源として前面に打ち出しており、マルコ・ポーロが生まれたとされる家は彼の冒険をテーマにした楽しい博物館になっている。

夏には歴史を題材にしたイベントが毎日、旧城壁の門前で披露される。これは昔から伝わる剣士の群舞「モレシュカ」で、コルチュラ島の宝を狙うトルコ人を撃退するためのものだった。

さらにコルチュラ島は世界でもっともロマンチックな場所のひとつといっていい。「レシック・ディミトリ・パレス」というラグジュアリーなホテルがオープンしたことも大きな要因だろう。かつての司教の館を改装したもので、中世から続く旧市街の中心にある。6つのエレガントなレジデンス（独立した客室）から成り、それぞれにマルコ・ポーロがたどったシルクロードの地域をテーマにした調度品がしつらえてある。レストランも一流のスパもある。

アドリア海に臨むダルマチア南部のコルチュラ島。

コルチュラ島は東西に46.8キロ、南北に最大で7.8キロの幅がある。夏には観光シーズンを迎えるが、人があふれる名所から離れて楽しむ方法はいろいろある。海岸線に沿った入り江には白い砂浜やアクアマリンの海へと落ちて行く急斜面の岩棚がある。海岸沿いや内陸の村々も忘れてはならない。ブドウの段々畑と松林や低木林が混じり合う美しい景色が目の前に広がる。

コルチュラ市は本土から3キロほどしか離れておらず、ペリェシャツ半島のオレビック市が本土の町ではもっとも近い。このオレビックも歴史的に海と深い関係を持っている。ペリェシャツ半島はイストリア半島の次に大きな半島で、海に向かって指さすような形をしている。ハイキング好きにも、グルメ好きにも理想的な場所といっていい。ナポレオン時代にイリュリアを統治していた軍隊がつくったといわれる舗装された小道を歩ける。砦で囲まれた美しいストン村を訪れ、海辺のレストランで特産の牡蠣を食べながらキャンドルディナーを楽しむこともできる。

見どころと滞在

▶ クロアチアのコルチュラ島は、マルコ・ポーロの生誕地として有名で、マルコ・ポーロを観光資源として前面に打ち出している。ベネチア様式の建築でも知られている。

▶ 夏の観光シーズンにゆっくりと過ごすのなら、海岸線に沿った有名なルムバルダの白い砂浜に出かけてみよう。ブドウの段々畑と松林などが混じり合う内陸の美しい場所を散策するのもいい。

▶ コルチュラ島にある「レシック・ディミトリ・パレス」は、かつての司教の館を改装したラグジュアリーなホテル。レジデンス(客室)からは、アドリア海を望むことができる。

宿泊 Lešic Dimitri Palace ▶ www.lesic-dimitri.com

» ギリシャ

サントリーニ島

エーゲ海に浮かぶ風光明媚な人気の島。

サントリーニ・カルデラの岩に張り付いたようなイアの村。地中海でもっとも強烈な炎のような夕日をここで眺めたい。

古代人はサントリーニ島を「カリステー」と呼んだ。もっとも美しいものという意味だ。紀元前1560年ごろ、海底火山の巨大噴火によりカルデラが形成され、その周りを囲んで昆虫のはさみのような形をしたこの島がエーゲ海に出現した。このときに伝説のアトランティス大陸が誕生し、のちに海に沈んだという考古学説もある。

サントリーニ島は決して楽な場所ではない。1000年前と同じように、ビーチに行くにはロバに乗って行かなくてはならない。このタフな動物しか島の急な斜面をジグザグしながら上り下りできる動物はいない（サントリーニ島でロバは大切に扱われ、特別な地位を与えられている）。フィラやイアの村は引力に逆らうかのように垂直に立っており、階段が迷路のように張りめぐらされている。ハイヒールの靴を履くなら、それなりのリスクを覚悟しなければならない。ここで必要なのは暑さに対する抵抗力とスタミナだ。特に夏は容赦なく暑い。

イアの村は、岩を削ってつくられた白い家やターコイズブルーのドームを持つ教会、狭い階段、香り高い花々などが美しく織りなすサントリーニらしいところだ。

しかしもっとロマンチックな面を見ておくことにしよう。太陽がカルデラに沈むとき、サントリーニ島はそのドラマチックな美しさの全貌を現す。燃え立つような夕日のなかで、箱形をした家々がオレンジ色、紫色に染まっていく息を呑むような光景が目の前に広がるのだ。英語とギリシャ語を合成した「サンスタライデス sunsetarides」という言葉がある。カルデラを見下ろすカフェの最前列の席を予約するツーリストを指す言葉だ。もちろんそれなりの代金を払ってだが。

美しい夕日、白い漆喰塗りの小さな家々、ターコイズブルーのドームのある教会。まさにこれらによって、サントリーニ島は世界でもっともロマンチックな島のひとつに数えられる。もちろん結婚式や新婚旅行にも人気があり、毎年5月から10月の間に4000の結婚式がここで挙げられる。どのホテルもウェディングプランの代理店を持ち、希望の場所での結婚式を企画してくれる。例えば海辺で、エーゲ海を見下ろすテラスの上で、あるいはアクロティリ遺跡（サントリーニ島のポンペイのような場所）のブドウ畑で、ピルゴス村近くのプロフィティス・イリアス修道院の前で――。ピルゴス村はサントリーニでもっとも高所にあり、晴れていれば彼方のクレタ島を望むことができる。

サントリーニ島のホテルには花の香りの漂う庭や、ゆったりとくつろげるスパ、地中海スタイルと超モダンなデザインを合体させた白いスイートなど夢のような雰囲気が整っている。そしてどの部屋にも青い海と空に縁取られたバルコニーがついている。

私たちのお気に入りのホテルはイアにある「ミスティーク」だ。バイブラント、アルーア、スピリチュアルなどの名のついたスイートがある。オーラ・バーは夕日を眺めるには最高だ。カリスマ・レストランでは星空の下でディナーをとれる。もうひとつのレストラン、シークレットは円天井の涼しいワインセラーのなかにあり、バラの花に囲まれたキャンドルディナーを楽しめる。

ここに注目

神話の島

サントリーニ島は、300メートルもある黒い溶岩の絶壁、ペリサビーチやカマリビーチのような灰色の砂浜、赤紫の砂のレッドビーチなどの神話的な景色から成り立っている。ティラシア島、パレア・カメニ島、ネア・カメニ島は、カルデラのなかにある小さな火山島で、今も硫黄を含んだ蒸気を発し、地熱によって暖められた温泉もある

宿泊 本文で紹介しているミスティーク Mystique Resort ▶ www.mystique.gr

リゾート「ミスティーク」のインフィニティープール。ミスティークという名前を聞いただけで、官能的でスピリチュアルなバカンスが想像できる。

» トルコ

トルコ沿岸

ターコイズブルーの海と遺跡をめぐる。

トルコ南西岸の景勝地、オルデニズ。

青空に黒い帆をくっきりと際立たせ、トルコの沿岸をエレガントに進む帆船はどうしても目立ってしまう。このヨット（トルコ語でグレット）「ベルーガ1」は今まで地中海に現れたどの船より美しい。ロンドンの一流デザイナー、アヌシュカ・ヘンペルによって隅から隅までリフォームされ、世界の富豪を対象にした高級雑誌で絶賛された。この帆船をチャーターできるのは限られた人だけだが、もし黒い帆でなくても客室がサルタンの邸宅のようでなくても我慢できるなら選択肢は広がる。

「エクスクルーシブ・グレット社」は伝統的なスクーナー船やカイク（海綿漁の漁師やダイバーが使用していたティルハディルというエーゲ海の伝統的な小舟から発展）をチャーターした航海を提供している。おかげでほとんど誰もが手に届く範囲で、トルコの素晴らしい海岸線を堪能できるのだ。ラグジュアリークラスならウエーターとオートキュイジーヌのシェフが同乗しているし、どんな高い要求にも対応できるよう設

ラグジュアリーなヨットでトルコ沿岸をまわり、夕日を見ながら前菜とシャンパンを味わうひとときき。

備が整っている。

エーゲ海の贅沢は何といっても風景の美しさだろう。海岸線の東西の両端にあるボドルムとアンタルヤは、トルコで過ごす夏のバカンスの最人気スポットとなっている。航海の途上で立ち寄る小さな村や島もそれらに劣らない。

トルコの詩人ジェヴァト・シャキール・パシャ・カバアーチュルは1925年にイスタンブールからボドルムに移り、後になって「ハリカルナッソスの漁師」というペンネームで作品を発表した。カイクでのクルーズは彼の作品に影響されたトルコのインテリ層や享楽家たちが始めたもので、すでに50年の歴史を持つ。トルコの海岸にはまた別のバカンスの楽しみ方がある。無人の湾に真っ先に入り、碇を下ろすのだ。夜には満面の星が頭上に輝く。アントニオとクレオパトラが密会したとされる入り江に停泊するのもいいだろう。

数ある観光地のなかでもフェティエは群を抜いている。町は古代都市テルメッソスの跡に建ち、興味深い遺跡の残る地区がある。16世紀に建てられたオスマン調の建物にあるトルコ式の風呂、ハマムで汗を流すのもいい。近くにはオルデニズの素晴らしいビーチがある。リキア文明の中心地だったパタラの湾に面したカルカンも素晴らしい。パタラはアポロンの息子パトラスが生まれた地とされる。カシュには色あざやかな市場があり、水面下数十センチのところに遺跡が沈んでいる。

漁村のキラリとケメルも見逃してはならない。ターコイズブルーの海とどこまでも続く緑の森が美しいコントラストを成している。ベイ山地(オリンポス)国立公園に寝そべっていると、このバカンスならきっと神々も楽しんだことだろうという想いがわき起こってくる。

見どころと滞在

▸ エーゲ海旅行のなかで人気を誇るクルーズのひとつ、トルコ沿岸地域。フェティエやオルデニズ、カルカンなどの景勝地が盛りだくさんだ。

▸ オルデニズは、トルコ語の「死」という言葉と「海」という言葉から成る名前だ。ターコイズブルーのラグーンは白い砂と香り高い松の木が茂る崖に囲われ、まったく風を寄せ付けないのでその名がついた。

▸ 船を丸々借り切って楽しむチャータークルーズは、カリブ海と並んでエーゲ海も盛んだ。ロンドンに本拠を置く「エクスクルーシブ・グレット社」は、トルコ沿岸やギリシャをめぐるヨットの航海を提供している。

宿泊 Exclusive Gulets ▸ www.exclusivegulets.co.uk

オルデニズの海岸は松の木が茂る崖に囲われ、まったく風を寄せつけない。船の避難所ともなり、景色も美しい。

» スペイン

アンダルシア

アルハンブラ宮殿やセビリアの情熱を体感しよう。

ムーア建築様式を取り入れ半円形をしたセビリアのスペイン広場。1929年にセビリアで開かれた万国博覧会「イベロ・アメリカ博覧会」のためにつくられた。

カルメンとドン・ファン。カルメンは官能的で野性的なジプシー女。抵抗しがたい魅力を持つ女性の典型だ。ドン・ファンは色男で女たらし。スペインで1003人、ヨーロッパの他の国で数百の女性をモノにしたとされ、エロスを代表する存在だ。カルメンはメリメの筆とビゼーの音楽によって息を吹き込まれ、ドン・ファンはモーツァルトの音楽によって不滅の存在となった。

2人ともアンダルシア出身なのは偶然ではない。ここは強烈な感情を生きる糧とする土地なのだ。情熱を体現したフラメンコの踊り、エレガントだが残酷な“血と砂のスペクタクル”で観客の感情に火をつける神秘的なマタドール、カトリックの国スペインでもっとも熱情的な聖週間の行事。これらもすべてアンダルシアが生んだものだ。

1492年にキリスト教徒がアンダルシアを奪還するまで、アンダルシアは数世紀にわたってムーア人が支配する土地だった。ムーア人は数学と天文学にたけていただけでなく、科学と神秘を融合させた。彼らはアンダルシアを「アンダルスの島」と呼んだが、ある意味で

セビリアにある「ホテル・アルフォンソ XIII」の入り口。1929年のイベロ・アメリカ博覧会に合わせて開業した。

その呼び名はこの地方の運命を決定づけた。今日もアンダルシアは島なのだ。本土の一部ではあっても、ヨーロッパでもなければアフリカでもない。遠い地の謎めいた魅惑、甘くけだるい享楽を思い起こさせる一個の独立した存在なのだ。

アンダルシアの名所とそれらが呼び起こす感動のすべてを言い尽くすことはできない。いくつか例を挙げるなら、まずグラナダのアルハンブラ宮殿がある。イスラム芸術の最高傑作のひとつであり、精緻な石造建築が雪を頂いたシエラ・ネバダ山脈を背景にくっきりと浮き立つ。また、コルドバの歴史地区の街路に並ぶオレンジの木の香りを追って行けば、メスキータに行き着く。この素晴らしいモスクのなかには豪華なバロック様式の大聖堂があり、幻想的なイスラムの幾何学模様が施された建物と対称を成している。大西洋に面した広大で光あふれるコスタデラルスとヘレス・デ・ラ・フロンテーラ周辺の平地は、野生の馬とシェリーの産地として有名だ。

アンダルシアを横切るグアダルキビール川の谷間には多くの白い村々が横たわる。ここの特色は陽気なボデガ（ワインショップでセラーでもある）や花で飾られたロマンチックなパティオだ。パティオはイスラムの建築家が地上の天国をイメージして設計したものだ。

しかし何といってもアンダルシアの魅力の心髄は、セビリアだろう。ヨーロッパの最南端に位置するエキゾチックな都市だ。イスラム教とキリスト教の建築が混在し、いたるところに花の香りがする。ここはラブストーリーにもってこいの場所だ。その魅力を堪能するにはぜひ「ホテル・アルフォンソ XIII」に泊まってみたい。1929年に開業したヨーロッパでもっともエキゾチックな高級ホテルだ。当時のスペイン王にちなんで付けられた名前だが、魅力としてはカルメンとドン・ファンに近いと言える。

見どころと滞在

▸ スペイン南部のアンダルシア地方には、エキゾチックな都市セビリアやアルハンブラ宮殿があるグラナダ、歴史地区があるコルドバなど魅力的なステイ先がそろっている。

▸ アルハンブラ宮殿のもっとも魅惑的な部分は、アラヤネスのパティオ。アラヤネスはプールの両脇に並ぶ生け垣の木の名前だ。

▸ アンダルシアに滞在するなら、ヨーロッパ最南端の都市セビリアがいい。ここの「ホテル・アルフォンソ XIII」はエキゾチックな高級ホテルだ。

宿泊 Hotel Alfonso XIII ▸ www.hotel-alfonsoxiii-seville.com

アルハンブラ宮殿はムーア・アンダルシア芸術と建築の傑作で、雪を頂くシエラ・ネバダ山脈を背に丘の上に立つ姿が美しい。

有名なマテウス・ロゼのワインのラベルに描かれているマテウス邸のファサード。ポルトガルでもっともすぐれたバロック建築だとされる。

» ポルトガル

ドウロ渓谷

ワイナリーやマゼラン生誕の村など見どころがいっぱい。

1886年に完成したドン・ルイス1世橋は（ギュスターヴ・エッフェルの弟子が設計）、当時世界でもっとも長い鉄のアーチ橋だった。ドウロ川にかかり、ポルト市とビラ・ノバ・デ・ガイア市を結ぶ“水平のエッフェル塔”は今でも技術と美の粋と評価されている。ポルトワインの生産地であるドウロ渓谷への玄関口としては申し分ない建築物だ。

ドウロ渓谷にあるブドウ畑の面積は25万ヘクタールに及ぶ。岩を削ってつくった段々畑と、ところどころに花こう岩の山が隆起しているのが特徴だ。人間の手によってつくられたもっとも壮観な田園風景のひとつとして、ユネスコの世界遺産に登録されている。

冬の3カ月間を除いて、美食を楽しみながらロマンチックな旅をするにはドウロ渓谷は最高の場所だ。特に9月の収穫期はお勧めだ。車でワイナリーをまわるのがもっとも手っ取り早い方法だが、17世紀にポルト樽を運んでいた伝統的な帆掛け舟バルコラベーロに乗ってドウロ川を旅するのも捨てがたい。

もうひとつの選択肢は、やはり伝統的な輸送手段である蒸気機関車を利用することだ。ゆっくりしたス

ドウロ渓谷の特産であるポルトワインを生産するワイナリーのセラー。

ポルト市でもっとも美しい地区リベイラ。ビラ・ノバ・デ・ガイア市とはドウロ川にかかるドン・ルイス1世橋で結ばれている。

ピードで（最高時速が28キロ）、26のトンネルをくぐり、30の橋を超え、素晴らしい景色のなかを走って行く。ポルトのサオベント駅を初めとして、アズレージョタイル（ポルトガル伝統のタイル）で飾られたレグア駅やピニャン駅などポルトガルでもっとも美しい駅を見ることができる。

レグアには興味深いドウロ博物館がある。またビラ・レアルにはロゼワインで有名なマテウス邸がある。美しいバロック調の建物で、18世紀前半、イタリアの建築家ニコロ・ナッツオーニの設計で建てられた。ドウロ渓谷の宝のひとつに数えられている。このワイナリーは、イタリア式の庭とブドウ畑に囲まれている。ピニャンではがんばってクロフト社所有のキンタ・ダ・ロエダやグラハム社所有のキンタ・ドス・マルベドスなど有名なワイナリーをまわってみよう。

ドウロ渓谷にはほかにも見所がある。サボロザは航海者であり冒険家のフェルディナンド・マゼランが1480年に生まれた美しい村だ。ラメーゴには中世に建てられたポルトガルでもっとも古い教会サン・バルセマンがある。町を見下ろす丘の上にはノッサ・セニューラ・ドス・レメディオス教会がある。毎年9月8日にここで聖女レメディオスの祭りが行われる。この色鮮やかな祭を境にブドウの収穫が始まる。

宿泊ならぜひ「シックスセンス・ドウロ・バレイ」に泊まってみたい。19世紀の貴族の建物を改装したホテルで、プールからドウロ川を見渡すことができる。スパもあり、ブドウをベースにしたここならではのマッサージを受けられる。

見どころと滞在

- ドウロ渓谷を流れるドウロ川はスペインに源を発し、大西洋河口にあるポルトガルのポルト市に注いでいる。渓谷には、ポルトワインを生産するワイナリーが広がっている。
- ワイナリーは、9月の収穫期に見学するといい。すべてのワイナリーは見学者を受け入れ、ワインテイスティングを行っている。
- ドウロ渓谷に滞在するなら、ラメゴにあるホテル「シックスセンス・ドウロ・バレイ」がお勧めだ。

宿泊 Six Senses Douro Valley ▸ http://www.sixsenses.com/resorts/douro-valley/destination

フローレス島はアソーレス諸島の最西端の島。ヨーロッパの西の端でもある。美しい浜、深い谷、ゴツゴツした山、温泉、滝がある。

» ポルトガル

アソーレス諸島

あじさいが咲くロマンチックな雰囲気にひたる。

ポルトガルと北米大陸のちょうど中間に位置するアソーレス諸島はアトランティス大陸の一部だとする説がある。アソーレス諸島は巨大な火山活動の結果、地球上でもっとも新しく形成された陸地で、火山活動の形跡はところどころで見られる。濃い色をしたやわらかい砂浜、岩石層に見られる石化した溶岩のあと、今も地熱で暖められている小さなクレーター湖、ピコ島にある完璧な円錐形をした標高2351メートルのピコ火山などだ。ピコ山はポルトガルでもっとも高い山で、トレッキングにも最適だ。

しかしアソーレス諸島の9つの島は不毛の荒れ地でもないし、17世紀から30年前に至るまで盛んだったクジラ漁が今も続いているわけではない。今では漁業より農業を営む人の方が多くなっている。アソーレス諸島近辺には今もクジラが多く生息するので、漁師たちはホエールウォッチングのガイドとして働くこともある。肥えた火山性の土地と温暖な気候のおかげで、アソーレス諸島は大海のただ中に浮かぶ庭園となっている。オレンジの果樹園やブドウ畑が並び、まぶしい緑色の牧草地のところどころには牛が群れている。エキゾチックで風変わりなスイスの風景のようだ。

9つの島それぞれに個性がある。もっとも大きいサンミゲル島には列島の首府ポンタ・デルガダがあり、国際的な雰囲気が漂う。ファイアル島は大西洋を横断する際の寄港地で、もっとも海運が盛んな島だ。サンタマリア島は地中海的な風情で知られ、グラシオーザ島はブドウ畑と風車が有名だ。テルセイラ島には歴史的な空気が漂い、15世紀に築かれた町アングラ・ド・エロイズモにはアズレージョタイル（ポルトガル伝統のタイル）で装飾された素晴らしい建物がある。ピコ島、サンジョルジェ島、コルボ島は山々や青い海へと落下する険しい崖などの美しい景色が特長だ。

しかし何といってももっともロマンチックなのはヨー

見どころと滞在

▸ アソーレス諸島はポルトガルと北米大陸の中間にあり、9つの島で成り立っている。気候は温暖で、オレンジの果樹園やブドウ畑などの牧歌的な風景が広がる。

▸ フローレス島は島に花が咲き乱れることから付いた名前で、ヨーロッパの最西端に位置する。フローレス島のあじさいは背が高く見ごたえがある。

▸ 谷合のホテル「アルデイア・ダ・クアダ」は古い石造りの邸宅を改装したもので、リラックスして過ごすには最適だ。

宿泊 Aldeia da Cuada ▸ www.wonderfulland.com/cuada

フローレス島でもっとも見事な滝はファジャジーニャの町の近くにあるリベイラ・グランデ。実際には少なくとも20の滝から成り、なかには海に直接落ちるものもある。

フローレス島には巨大なあじさいの木がいたるところにある。ピンクやブルーの花が牧草地、ブドウ畑、麦畑を縁取っている。

ロッパの最西端に位置するフローレス島だ。花という意味の名のとおり、ピンクとブルーのあじさいが島を覆っている。アソーレス諸島はどこでもあじさいが咲いているが、ここのあじさいは特に背が高く、低木のように茂って村や田舎道をやさしく包み込んでいる。

ホテル「アルデイア・ダ・クアダ」へ向かう道にもあじさいが咲いている。このホテルは田園のただ中の古い石造りの邸宅を改装したもので、緑の草木の間に青い海がのぞく。ここでは緑豊かな風景のなかを遠出したり、ターコイズブルーのカルデラ湖で泳いだりして、リラックスしたバカンスを過ごせる。夜は“世界の果て”に来たような幻想的な雰囲気に包まれる。

フローレス島の谷のひとつに「アルデイア・ダ・クアダ」というホテルがある。農場をバカンス施設に改装した田舎風の趣だ。

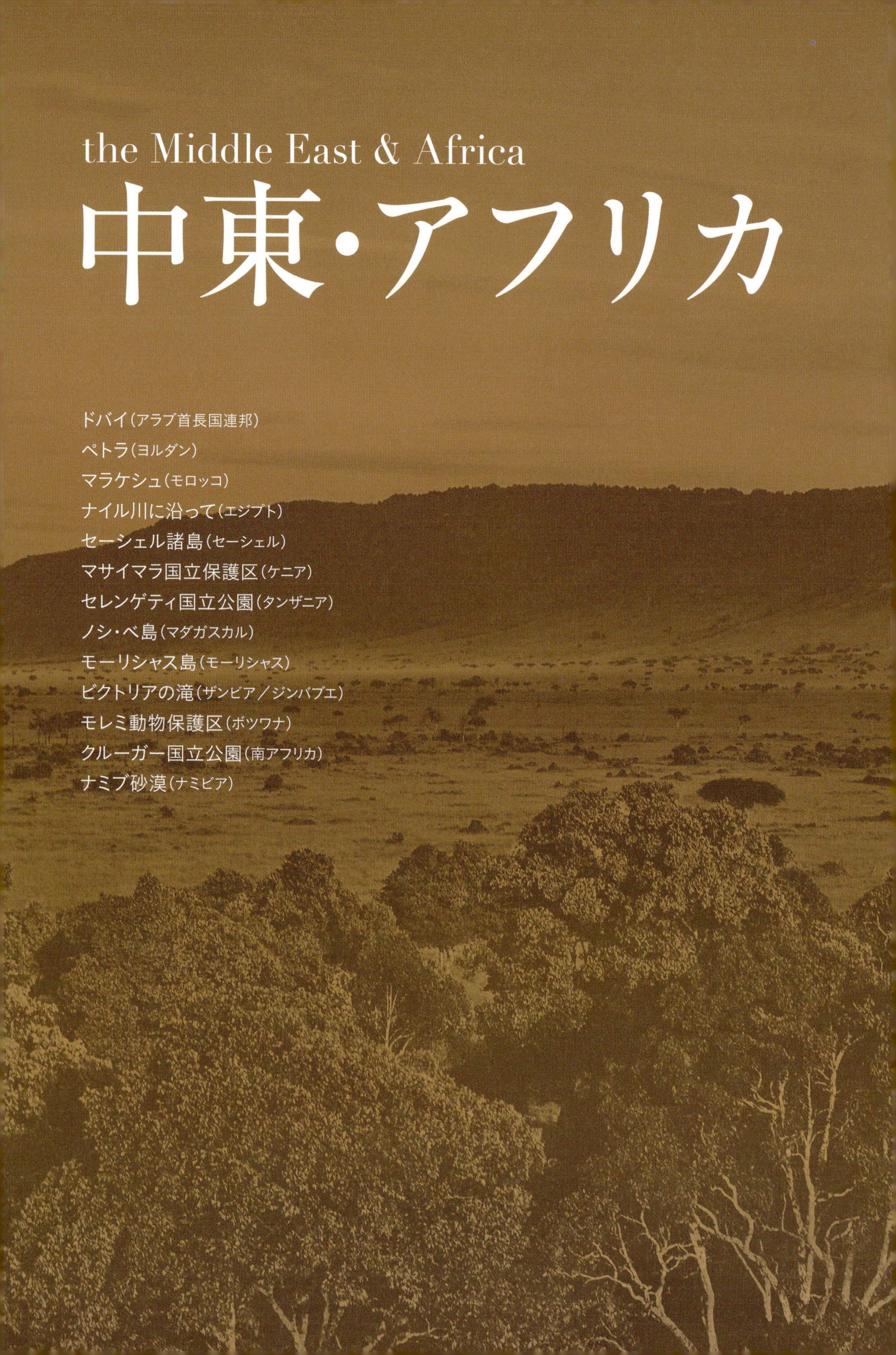

the Middle East & Africa

中東・アフリカ

ドバイ（アラブ首長国連邦）
ペトラ（ヨルダン）
マラケシュ（モロッコ）
ナイル川に沿って（エジプト）
セーシェル諸島（セーシェル）
マサイマラ国立保護区（ケニア）
セレンゲティ国立公園（タンザニア）
ノシ・ベ島（マダガスカル）
モーリシャス島（モーリシャス）
ビクトリアの滝（ザンビア／ジンバブエ）
モレミ動物保護区（ボツワナ）
クルーガー国立公園（南アフリカ）
ナミブ砂漠（ナミビア）

Chapter 3

長いジュメイラビーチに面した「ワン&オンリー・ロイヤル・ミラージュ」はアラブ首長国連邦でもっともロマンチックなリゾート。

» アラブ首長国連邦

ドバイ

世界最大級を実感できる中東の巨大都市。

ドバイには世界でもっとも高い建物のブルジュ・ハリファだけでなく、ヤシの木をかたどった2つの人口島パーム・アイランド、世界地図を模した人口島群ザ・ワールド、世界最大のショッピングセンターで異様なほどけばけばしたモール・オブ・ジ・エミレーツがある。のみならず、外の気温が40度あっても粉雪でスラロームできる室内スキー場のスキードバイ。これらを見たら、英国の探検家ウィルフレッド・セシジャーでも間違いなく青ざめることだろう。

しかし、これらはアラブ首長国連邦で2番目に大きい国ドバイが提供する驚異の一部に過ぎない。首長国連邦の首都アブダビでは、ジャン・ヌーヴェル設計のもとにルーヴル美術館と提携したルーヴル・アブダビが建設され、グッゲンハイム美術館別館の建築もフランク・ゲーリーの設計で進められている。

ドバイは首長の夢を実現した国かもしれないが、果たしてロマンチックなバカンスの行き先として適当だろうか。しかしショッピングは大きな催淫効果を持つことを忘れてはいけない。ドバイでは思ってもみなかった欲望を見い出すことさえある。52種類の魚が泳ぐ姿を見ながら100万㎥の水に囲まれた水族館でのキャンドルディナー。かつてペルシャ湾の商人が乗っていた船を模した豪華船で夕日のクルーズ。

後者はリゾートの「ワン&オンリー・ロイヤル・ミラージュ」が提供する特別サービスだ。このリゾートはジュメイラビーチに面し、首長国連邦でももっとも高級なホテルだ。建物や調度品、シェラザードが語った物語にでてきそうなヤシの木が茂る庭だけでない。ここに滞在するすべての人の願望に応える最上級のサービスを提供してくれる。気まぐれさえにも…。気まぐれとはドバイが許してくれる特権といえるかもしれない。

見どころと滞在

▶ 訪れただけで驚異を感じるドバイ。828メートルと世界でもっとも高いブルジュ・ハリファのほか、パーム・アイランドや人口島群ザ・ワールド、モール・オブ・ジ・エミレーツなど観光スポットには事欠かない。

▶ ブルジュ・ハリファは、ダウンタウンドバイと呼ばれる超高層ビル街の中心部にあり、緑の草木や噴水が周囲を取り巻いている。

▶ ジュメイラビーチに面する「ワン&オンリー・ロイヤル・ミラージュ」は、ドバイ滞在にふさわしいロマンチックなリゾートだ。

宿泊 One&Only Royal Mirage ▶ royalmirage.oneandonlyresorts.com

ドバイにはギネスブックに載る記録を持った建物がたくさんある。その代表格の160階建てのブルジュ・ハリファは828メートルあり、世界でもっとも高いビルだ。

写真のアル・ディール（修道院）はナバテアの王オボダスI世の墓として建てられた

» ヨルダン

ペトラ

壮大な遺跡、壮麗な谷を訪れる威厳の旅。

ナバテア人が築いた都市ペトラがスイス人の旅行家ヨハン・ルートヴィヒ・ブルクハルトによって再発見されたのは1812年のことだった。しかしこの遺跡が世界的に知られるようになったのは、1838年にスコットランド人の若い画家デビッド・ロバーツが持ち帰った100枚のスケッチや絵によってだ。当時ロマン主義の最盛期を迎えていたヨーロッパでは、この遺跡をひと目見たいという熱狂的な好奇心が広まった。

現在ではヨルダンに行ったことのない人でさえ、ペトラの存在を知っている。しかしいくら一流の写真家が撮った写真を何枚見ていようと、たとえそれが光の効果やつかの間の現象を巧みに捉える巨匠のものであっても、実際にペトラの岩の色を見た時の衝撃は想像がつかない。やわらかな絹の布のように赤に、オレンジに、ピンクに色が渦巻いているのだ。

同じように、遺跡に通じる細く曲がりくねったシーク渓谷を通って、エル・カズネ、別名「宝物殿」の前に立った時の感動を予期することもできない。しかもその先にはまだ数々の寺院、墓、住居跡があり、まさに奇跡と言うほかない。詩的で壮大なセッティング自体が自然の作り上げた円形劇場となっているのだ。

ペトラを見るだけで満足して、もはや欲望が湧かなくなってしまうかもしれない。しかし（恋人たちがよく知るように）欲望とは新たな刺激によって更新されるものだ。そしてヨルダンにはさまざまな刺激がある。そのひとつがワディー・ラムのベドウィンのテントで夕食を取ったあと、星空の下で過ごすひと夜だ。ワディー・ラムは壮麗な谷で、T.E. ロレンス（「アラビアのロレンス」の呼び名で有名）著の『知恵の七柱』に登場してその存在が知られるようになった。

死海まで通じる細いヨルダン渓谷に沿って行くと、予想外に緑の植物が現れて驚かされる。現在は自然保護区になっているワディ・エル・ムジブの渓谷を馬

見どころと滞在

▶ 中東の観光なら、ペトラ遺跡は絶対に外せないのは誰しも異論はないだろう。

▶ アル・ディールは、ビザンチン期に十字架が彫られた部屋があることから「修道院」とも呼ばれる。シーク渓谷を通って壮大なエル・カズネ（別名「宝物殿」）もぜひ訪れたい。

▶ ヨルダンでもっとも魅力的なリゾートは、「エバソン・マイン・ホットスプリングス」だ。死海から車で30分ほどのところに位置しており、周囲の遺跡を見学できる。

宿泊 Evason Ma'In Hot Springs ▶ www.sixsenses.com/evason-resorts/ma-in/destination

ペトラでもっとも魅惑的なのはエル・カズネだろう。ここに至る唯一の通路である細く曲がりくねったシーク渓谷を抜けると、「宝物殿」と呼ばれるこの遺跡が魔法のように目の前に現れる。

ラクダに乗ってワディー・ラムの岩場を抜けると、まるでアラビアのロレンスの時代に戻ったような感動を覚える。

死海と歴史的な町マダバからさほど遠くない谷に、メインのオアシスがある。ここの温泉は古代ローマ人に人気があった。

岩だらけの野性的な風景のなかに、「エバソン・マイン・ホットスプリングス」がある。

に乗って探検することもできる。ハママト・マインで温泉に浸り、滝で水浴びをするのもお勧めだ。この近くにはムカーウィルの遺跡がある。これは山上にある宮殿を守るための要塞で、神話ではサロメがヘロデ王のために踊った場所とされる。

海面下264メートルにあるこのオアシスには「エバソン・マイン・ホットスプリングス」がある。周りの自然に溶け合うエコリゾートで、ヨルダンでもっとも魅力的なリゾートとなっている。スパでは死海の塩や泥、デーツやハチミツを使ったトリートメントを受けられる。

» モロッコ

マラケシュ

エキゾチックで夢のようなバカンスを楽しもう。

マラケシュで有名な夜のジャマ・エル・フナ広場の賑わいは、大昔から変わらぬままだ。

マラケシュのカフェ・ドゥ・ラ・ポストでのいつもの朝。最新のゴシップを知りたい人にとって、常連たちの会話はミントティーやデーツやハチミツ菓子に勝るごちそうだ。何気なく聞こえてくるファーストネームを聞いただけで、マラケシュに別荘を構えるセレブが話題になっていると分かってしまう。これが現代のマラケシュの語り部たちの姿だ。

ユネスコはマラケシュで名高いジャマ・エル・フナ広場を「人類の口承および無形遺産の傑作」として保護することを提案した。しかし今やこの広場や市場で大道芸人が語る声も、半世紀前にエリアス・カネッティが旅日記に記録した裏通りに響く声も、マラケシュを代表する声ではなくなった。

伝説の広場は最近改修されたが、もう主役の座を独占できなくなっている。人々はジャマ・エル・フナではなく、ほかのところに集まり始めている。例えばメディナの旧市街にあるシックなレストラン。グルメたちはフランスのオートクチュールのデザイナー、バルマンが所有していたような豪華なリヤド（中庭のある伝統的建築）で、斬新なモロッコ式ヌーベルキュイジーヌを味わうようになったのだ。現代美術のギャラリーやエスニックファッションのブティックも人気を集めてお

ラグジュアリーなホテル「クサール・チャー・バー」の庭には、イチジクやキョウチクトウ、さまざまな花の香りが漂い、噴水の音も聞こえてくる。

り、スークでは伝統的な店より、このような店の方が多くなっているくらいだ。また外人専用のハンマームで、蒸し風呂とバラ水の風呂を行き来しながら一日を過ごすのも、マラケシュでの新しい時の過ごし方だ。

歴史地区の中のリヤドや、町はずれのヤシ林のなかにあるクサール（城壁に囲まれた村）の多くは洗練されたホテルに変身した。ロビーなどの共有スペースも客室も洗練された趣味で統一され、壁は伝統の技法“タデラクト”で塗られている（語源はアラビア語で“愛撫”を意味する言葉だ）。家具はエスニックと現代をマッチさせた。その最高の例が「クサール・チャー・バー」。このホテルは世界でもっともシックなホテルのひとつと評価されている。

伝説の「赤い町」マラケシュは、昔ながらのモロッコからはずいぶんかけ離れてしまった。それでもなおこの町は誰もが想い描くエキゾチックで夢のようなバカンスを提供してくれる。アリー・ブン・ユースフ・マドラサ（神学校）、サーディ朝の墓、エルバディ宮殿のような歴史的なモニュメントに加えて、今日的な名所として新市街にあるマジョレル庭園を訪れたい。ここは長年イヴ・サンローランにとって隠れ家であり、インスピレーションの源でもあった場所だ。

この庭園はマラケシュに魅せられた最初のヨーロッパ人画家ジャック・マジョレルによって1920年代に造られたもので、後になってイヴ・サンローランが遺族から買い取った。庭のまわりにある建物はかつてマジョレルのアトリエだった。今はイスラム美術博物館となっている。

マジョレルはカンバス上でマラケシュの色彩に永遠の命を与えた。この家に使われた青はアフリカの太陽の下で輝きを増し、自然界には存在しない魔法の色となった。今では“マジョレル・ブルー”と呼ばれている。人々の夢を現実に変えてくれる町、マラケシュのシンボルとしてふさわしい色だ。

見どころと滞在

▶ モロッコ中部の都市マラケシュは、伝統的なたたずまいと最新のブティックやレストラン、ホテルで彩られた場所が交差していて、エキゾチックなバカンスを提供してくれる。

▶ マラケシュで名高いジャマ・エル・フナ広場は、壮大な日常の舞台。その賑わいをカフェのテラスから見下ろすこともできるが、カラフルで混沌のただなかを歩いた方がずっと楽しい。

▶ ヤシの林に囲まれたラグジュアリーなホテル「クサール・チャー・バー」は、かつてムーア式の宮殿だった。

宿泊 Ksar Char-Bagh ▶ www.ksarcharbagh.com

ジャマ・エル・フナ広場では、食べ物やあらゆる日常雑貨を売る屋台があり、蛇使い、ダンサー、手品師、語り部や占い師が人々を寄せ付ける。

ナイル川の東岸にあるルクソールの巨大な寺院群。アメン神に捧げられた古代都市テーベの遺跡だ。建築が開始されたのは紀元前14世紀。

» エジプト

ナイル川に沿って

一度は体験したいルクソールからアスワンまでの船旅。

偉大な作家ギュスターヴ・フローベール、ミステリー小説の女王アガサ・クリスティー、冒険家アラビアのロレンス、歴史上もっとも有名な看護師フローレンス・ナイチンゲール。これらの人物の共通点は何だろう。それは全員が伝統的帆船ダハビヤでナイル川を旅した経験があることだ。ダハビヤはファラオの時代まで遡る長い歴史を持つ平底船だ。

そうしたことは古き良き時代の話だと言う人もいるだろう。古代エジプトの遺跡をめぐる旅などまだ金持ちの特権でしかなかった時代のものだと…。しかしすでに1909年にフランスの作家で精力的な旅人でもあったピエール・ロティは、エジプト旅行に関する著書で、"近代的"観光船のモーターが発するいたたまれない雑音について苦言を呈している。そのせいでルクソールの神聖な雰囲気が台無しになっていると。ロティには申し訳ないが、ナイルの船旅は今日でも大人気だし、素晴らしい経験をもたらしてくれる。もちろんその主役はエジプト文明の偉大な建造物だ。

生者の都の西岸には「死者の都」がある。ここに古代エジプトの建築のなかでもっとも見事なハトシェプスト女王葬祭殿がある。

アスワンの町の川向こうにあるエレファンティネ島の遺跡を空から見る。

観光地化されたルクソールには小さなボートで立ち寄り、ホテルでひと休みするくらいでいいだろう。古代都市テーベの方がはるかに興味深い。ここは紀元前1570年から1070年までの間、新王国の首都だった。両脇にスフィンクスが並ぶ道に沿ってルクソール神殿からカルナック神殿まで “生者の都”を歩こう。川を渡ると西側は“死者の都”だ。ファラオの墓がある王家の谷や王妃の谷、メムノンの巨像、ハトシェプスト女王葬祭殿などがある。

うれしいことにフローベール流に19世紀のダハビヤに乗ってナイル川をクルーズすることも可能だ。小規模だが高級なツアーオペレーター、「ヌール・エル・ニル社」が企画する5泊6日の船旅では、まずはエスナ（クヌムの神殿が有名）に寄り、最終的にはヌビア遺跡近くのアスワンへと至る。その間にネクベト神殿、エドフにあるホルス神に捧げられた神殿、ホルエムヘブの神殿、プトレマイオス朝のコムオンボ神殿など有名な遺跡をめぐる。それだけでなく、通常の観光ルートには含まれない岸辺の小さな村にも止まったり、サハラ砂漠に続く渓谷まで徒歩旅行することもできる。

ダハビヤは最高で20人収容できる。キャビンからの景色は素晴らしく、内装は『千夜一夜』のアルコーブのようだ。大きなデッキもあり、日光浴もできる。スタッフの行き届いたサービスを受けながら、世界でもっとも古い川の永遠の景色を楽しむことができる。

ここに注目

ナイル川クルーズ

エジプト観光なら、ナイル川のクルーズはこの上ない楽しみを提供してくれる。古代都市テーベの遺跡があるルクソールから、南の上流にあるアスワンまで4～5泊にわたる多くのクルーズ船が就航している。行程は、ルクソールを発ってエスナやエドフ、コムオンボにある遺跡や神殿をめぐるかたわら、古代エジプト文明を育んだナイル川の古びた村、耕作地、パピルスの茂みなどの沿岸風景を楽しめる。帆船ダハビヤによるクルーズは、「ヌール・エル・ニル社」が提供している。帆船なのでとても静かな船旅を満喫できる。

宿泊 Nour el Nil ▶ www.nourelnil.com

ナイル川を行き来する帆船はダハビヤだけ。かつてフローベールやアラビアのロレンスも同じようにナイルを旅した。

“ナイル川の船旅は永遠に続いてほしい”

ヌール・エル・ニル社が提供するダハビヤの室内。壁は白く、ほかは大きな窓となっているので、ナイル川の風景を存分に楽しめる。

ダハビヤの居間。内装は細部まで完璧だ(上)。ダハビヤでは日光浴をしたり、川を渡るそよ風を感じたり、ナイル川の景色を堪能しながら夕食を取ることができる(下)。

» セーシェル

セーシェル諸島

眼前に広がる美しいビーチと大自然の魅力。

世界でもっとも美しいビーチのトップテンに選ばれたアンセ・ビクトリン。マヘ島から約55キロのフレガート島にある。

セーシェルを代表する動物アルダブラゾウガメが2000匹いて、フレガート島を自由に歩き回っている。

セーシェル原産のシーココナッツ（フタゴヤシ）は世界で一番大きな果実で、重さが20キロのものもある。種子は女性の下腹部を思い起こさせ、雄花序は男性特有の形をしている。セーシェルの言い伝えによると、シーココナッツは嵐の夜に交尾し、その果実が実るまで10年かかるという。

植物が実際に交尾する姿を見られるかどうかはともかく、セーシェルで２つ目に大きいプララン島にある"エデンの園"、バレ・ド・メ渓谷自然保護区でこのヤシの木を見ることができる。この島ではアンス・ラジオやアンス・ジョルゼットなどの美しいビーチを訪ねることもできる。

セーシェルは大自然の驚異に満ちている。内側の島と外側の島に分かれ、内側には花こう岩でできた43の島がある。なかでも大きな島がマヘ、プララン、ラディーグ島で、人口も観光地もここに集中している。外側には72の島がある。コリアンダーの種のようにサンゴの島がインド洋に散らばっている。そのうちの13の島が世界最大級の環礁のひとつであるアルダブラ環礁を王冠のように取り巻いている。

当然のことながら海の生態は豊かだが、陸も生きた自然史の博物館のようで、珍しい動植物が数多く生息する。例えば触毛を持った先史時代の植物ジェリーフィッシュツリー。これは地球上に8株しか残っていないそうだ。官能的な蘭も多くある。また膨大な種類の鳥が生息し、象ガメにいたっては世界でもっとも数多く暮らしている場所だ。

セーシェル諸島の半分近くの地域が保護区に指定されているが、これは先見の明のある判断だったと言える。ここでは自然を尊重するともに、アフリカ、マダガスカル、ヨーロッパの影響が入り交じる現地の文化も尊重されている。特にムーティアというエロチックな踊りにそうした影響がよく表れている。

セーシェルの魅力は美しいビーチだけと考えてしまってはもったいない。一年中貿易風の影響下にあるが、特に海が穏やかになる4月から5月、10月から11月にかけては帆船や水中観光船で島めぐりをするのに絶好の季節だ。

ビーチやスパ、夢のようなセッティングのキャンドルディナーなどロマンチックな時を提供するリゾートはい

「フレガート・アイランド・プライベート」には16のビラがあり、建物は花こう岩でできている。

「フレガート・アイランド・プライベート」のビーチ。2人だけのバーベキューの準備が整った。このリゾートの信条は客のロマンチックな希望をかなえること。

見どころと滞在

▶ セーシェルは、アフリカ大陸から東のインド洋に浮かぶ諸島。内側の43島と外側の72島で構成され、海と陸それぞれに素晴らしい大自然がある。

▶ 諸島のひとつ、フレガート島は面積が2平方キロメートルほどしかないが、ここに滞在する価値は大きい。アンセ・ビクトリンをはじめ7つの美しいビーチがあり、森にはテリハボク、カシュナッツ、インドアーモンドの木が茂る。

▶ フレガート島にあるリゾート「フレガート・アイランド・プライベート」ではビーチは目の前にあり、プライベートプールも備わっている。

宿泊 Frégate Island Private ▶ www.fregate.com, www.oetkercollection.com

夕暮れ時、ラディーグ島で有名なアンス・ソース・ダルジャンの浜辺はピンクとオレンジ色に染まる。貿易風によって傾いたヤシの木の葉がそよ風に揺れる。この島はセーシェルのなかで4番目に大きい。

ろいろある。そのなかでも「フレガート・アイランド・プライベート」はインド洋でもっともシックなリゾートと定評がある。ここはかつて海賊の基地があった島で、今も宝が埋もれていると信じている人がいる。

　フレガート・アイランド・プライベートにはプライベートプールを備えた16のビラと「バニャン・ヒル・エステート」がある。7つのビーチ、有機栽培のトロピカル農園もある。ゾウガメが2000匹、鳥の種類は100を超える。島の歴史を展示する博物館があり、自然保護のプロジェクトの先端を行くホテルでもある。

狩りのあと、子供たちに囲まれて休む母ライオン。ケニアのマサイマラ国立保護区ではよく目にする光景だ。

» ケニア

マサイマラ国立保護区

野生動物のサファリをじっくりと楽しむ。

小説『アフリカの日々』のなかで著者のアイザック・ディネーセン（本名カレン・ブリクセン）は「マサイ族の戦士の姿は実に素晴らしい」と書いている。「若い男たちは、シックと呼ぶにふさわしい知性を極限まで発達させている。彼らは大胆不敵で、夢想的であるかのようにさえ見えるが、自分自身と自分の内にある理想に対して揺るぎなく忠実である。それは気取りからくるものではなく、何かの真似をしているわけでもない。自分の内側から育ったものであり、この民の表現であり歴史である…」

ビーズで刺繍を施した燃えるような赤のマントを身にまとい、先祖代々の地であるマサイマラのサバンナを独り威厳に満ちて歩くマサイ族の男。その姿を見たら、偉大なデンマークの作家の言うこともうなずけるだろう。大型の肉食獣が暮らすサバンナだというのに、危険を感じている様子はまったくない。広大な草原の地平線まで見渡しても、目的地らしきものは見当たらない。一体どこに向かって歩いているのだろう。この

マサイマラ国立保護区では、大型ネコ科の動物がアフリカでもっとも多く生息する。当然ながら彼らの餌であるシマウマ、ヌー、各種のガゼルも多い。

気球に乗ってのサファリはアフリカでの最高の冒険のひとつ。野外でのシャンパン付きの朝食が伴う。

若い細身の戦士はライオンにまさる、アフリカの真の王者であるように見える。

マサイマラ国立保護区で半遊牧生活を送るマサイ族の村を訪ねたら、大きな感動を覚えるに違いない。マサイマラはケニアでもっとも大きな保護区で、動物の数も一番多い。保護区の片側はオロロロの丘に隣接し、もう一方はタンザニアのセレンゲティ国立公園に接している。大型のネコ科の動物、カバ、サイが生息し、季節によってはヌーの群れが移動する。

サファリがひと握りの人間にしか許されず、いまだロマンチックな冒険だった時代、ここは白人たちにとってアフリカ大陸でもっとも魅力的な野生の地だった。この地に恋をしてしまう“アフリカ病”にかかった最初の1人が米国人のチャールズ・コッターだろう。この病をビジネスにしてしまうことを思いついた人物でもある。セオドア・ルーズベルトの旅行記に触発されて1909年に初めてアフリカの土を踏み、10年後にサファリツアーの会社を立ち上げた。マサイマラの東南部にテントを張ったキャンプサイトだった。現在は彼のひ孫が所有する「コッターズ1920キャンプ」となっている。

カレン・ブリクセンやヘミングウェイの体験を味わおうとするなら、このキャンプに泊まるのがお勧めだ（2人ともここに滞在した）。ここには100年前の雰囲気が生きている。キャンバス地でつくったテントはパ

見どころと滞在

▶ アフリカでサファリを楽しむなら、ケニアのマサイマラ国立保護区と、タンザニアのセレンゲティ国立公園（192〜195ページ）が筆頭にあがる。

▶ マサイマラはケニアでもっとも大きな保護区で、面積は1812平方キロメートル。セレンゲティの大平原と大地溝帯にはさまれている。

▶ マサイマラに滞在するなら、ここに隣接した「コッターズ1920キャンプ」がいい。個人所有の約2500ヘクタールの保護地にある。開業して100年、その間にヨーロッパの貴族、米国の大統領、有名な作家などを迎えている。

宿泊 Cottar's 1920s Camp ▶ www.cottars.com

「マサイ族の戦士の姿は実に素晴らしい」とカレン・ブリクセンは書いている。誇り高く、歩く姿はとても優雅だ。動物と共存する術を知っている。

サバンナに沈む燃える夕日を眺めるという強烈な体験をしたあとには、“アフリカ病”にかかることは避けられない。

「コッターズ1920キャンプ」の共有スペースはエレガントだ（上）。キャンプ内部はテントと呼んでは失礼に当たる。むしろキャンバス布でつくったパレスと呼ぶのがふさわしい（下）。

レスのようだ。内部にはペルシャじゅうたんが敷かれ、上品な家具がしつらえてある。何本も銀の燭台が照らす共同テントでのディナー。ウエーターの気のきいたサービス。サバンナで1日を過ごしたあとは、リラックスしながら昔話を聞く。例えばぎっしり服が詰まった4つのトランクとともに登場したヨーク公爵夫人の話。または神話的なチャールズ・コッター自身の話。ゾウ、野牛、ヒョウには3回も襲われながらも生き延びたが、66歳のとき、キャンプのすぐそばでサイに襲われて命を落としたことなど、話は尽きない。

» タンザニア

セレンゲティ国立公園

動物たちの大移動はアフリカならではの見どころ。

サファリがアフリカでのスリリングな冒険を意味することは誰もが知っているが、実はこの言葉は東アフリカの共通語であるスワヒリ語で“旅”を意味する言葉なのだ。したがって200万頭のヌー、30万頭のシマウマやアンテロープにとって、毎年の大移動はまさにサファリだ。動物たちはセレンゲティ（タンザニア）やマサイマラ（ケニア）の平原の広大なエコシステムのなかで、緑の草地を求めサファリに出る。

動物界で最大のスケールの集団移動を目にするのは（人間のサファリが動物のサファリを追っているわけだが）、ナショナル ジオグラフィックのドキュメンタリー映画の撮影現場を訪れるようなものだ。最近では、動物の移動がウェブ上にリアルタイムでモニターされているので、適時適所に居合わせることができるようになった。

12月から5月にかけてヌーはンゴロンゴロのクレーターで過ごし、ここで交尾する。そしてカルデラの草が枯れ始めると、北に向かってセレンゲティやマサイマラの草原に向かう。ここには水路が豊富にあるので乾燥期を乗り越えられる。11月には同じ道を反対方向に移動する。数千年、いや数百万年もこの移動を繰り返してきたのかもしれない。

うねりながら行進する動物たちを広角アングルで観察したいなら、ジープに乗って追うことができる。もしくは小型飛行機でこの平野全体を見渡すこともできる。気球に乗るのはさらに楽しいだろう。しかしこの移動のもっとも印象的なシーンを見ようとするなら、6月の終わりにグルメティ川のほとりの“最前列”に陣取ることだ。ヌー、シマウマ、アンテロープは何時間もかけて、時には数日かけてこの川を渡り終える。ここは彼らのサファリのなかでもっとも危険な場所だ。川の

ここに注目

動物たちの大移動

アフリカにおける最大のスペクタクルは、動物たちの大移動だ。セレンゲティ国立公園やマサイマラ国立保護区ではこうした動物たちの大移動を見ることができる。なかでもセレンゲティは総面積1万4750平方キロと広大。地球上で哺乳類がもっとも多く住んでおり、文字通りダイナミックな移動が灼熱の太陽の下で繰り広げられる。本文で紹介しているように季節を選んで大移動を観察するのは、まさにサファリならではの醍醐味だ。

宿泊 Singita Mara River Tented Camp ▸ www.singita.com

毎年200万頭のヌー、30万頭のシマウマとアンテロープが緑の草地を求めて移動する。彼らにとって最大の危険は、セレンゲティ平原のグルメティ川の横断だ。

泊まり客は早朝に起き、セレンゲティ平野の北部にあるグルメティ保護区でスリリングなサファリに出る。大型動物たちが活動する時間帯だ。

サファリからホテルに戻ってくると、アカシアの木陰で贅沢な朝食が用意されている。

流れが強いだけでなく、大型のネコ科の肉食獣、ワニ、腐肉にたかるハゲワシ、マラブーなどが待ち伏せしているからだ。彼らは川を横断するときに移動する動物たちがもっとも無防備になることを本能的に知っていて、ここで待ち受けるのだ。たらふくごちそうにありつけることを承知している。川辺でのこの虐殺シーンは強い興奮をもたらす。容赦ない自然の法則と適者生存の原則を実感させられるのだ。

セレンゲティ・マサイマラのサバンナのただ中にある「シンギタ・マラリバー・テント・キャンプ」はラグジュアリーなオアシスだ。テントには豪華な内装が施され、サファリが特権階級のものだった時代を思い起こさせる。

　このような強烈な感情を経験したあとには、それに見合うだけのリラックスが必要だろう。ラグジュアリーな「シンギタ・マラリバー・テント・キャンプ」がその要望に応えてくれる。シンギタとは“奇跡の場所”という意味だが、まさにこのキャンプにふさわしい言葉といえる。生と死のドラマが繰り広げられるサファリを信じがたいほどロマンチックなバカンスに変えてしまうのだから…。

自然とともに暮らしているミチオ諸島の漁師たち。

» マダガスカル

ノシ・ベ島

小さな天国のような島はコロニアルな雰囲気。

シナモンやココア、バニラ、コーヒー。それにプルメリアとコショウ。忘れてならないのは豊潤な香りのイランイランだ。その小さな黄色の花から抽出された香料には媚薬効果があるとされ、シャネル5番の人気の秘訣でもある。

ノシ・べ島ではこれらの香りが混ざり合い、島を覆う空気の奥深くまで満たしている。頭がくらくらしてくるほどだ。ノシ・べはモザンビーク海峡、マダガスカル島の北西部に横たわる島で“香る島”とも呼ばれる。マダガスカル語で“大きな島”という意味だが、実際には小さな天国のような島だ。気温は年間20度から30度、常にそよ風が吹いているので、熱帯特有の湿度が抑えられている。

ノシ・べの地形は変化に富んでいて、マダガスカル

マダガスカル島の北西にあるノシ・べは、“香る島”とも呼ばれている。

空から見たサルバンジナ島。サンゴ礁に囲まれ、陸にも海にも多様な生物が生息する。

島のミニチュア版のようだ。サトウキビやコーヒーの農園、香り高い花とスパイスが育つ庭があり、その周りを玄武岩の嶺や森、ヤシの木やバオバブの木で縁取られたビーチが取り囲んでいる。海の色はアクアマリンからコバルトブルーまで変化に富んでいる。善かれ悪しかれ、ここはマダガスカルのなかでもっとも富んだエリアだ。中心の町アンドアニ（フランス名はエル・ビル）の建物に見られるように、ヨーロッパの影響を強く受けているところでもある。そしてビーチはヨーロッパ人のツーリストであふれている。

そんな環境であっても、ノシ・べと周辺の島々には神秘的な雰囲気と香りが漂っている。もっとも近いのがノシ・コンバ島。この島の森にはキツネザルが生息し、丸木舟で深い森を探索できる。ミチオ諸島は珊瑚礁に囲まれ、極彩色の魚が群れをなす海はまさに素晴らしいのひと言につきる。ミチオ諸島のひとつ、サルバンジナ島は伝説の王サカラヴァの墓がある聖なる島だ。現地の漁師が墓にハチミツ、果物、ラム酒の捧げものをする。

島と同名のリゾート「コンスタンス・サルバンジナ」は25のかやぶき屋根のビラがある美しいリゾートだ。すべてのビラが海に面している5つ星ホテルだ。サービスはもちろんのこと（ワインとシャンパンのリストは目を見張る）、シュノーケリングやダイビングの設備を備え、自然を案内するガイドと一緒に海や陸の動物を観察するツアーも企画する。この島には世界でもっとも小さいカメレオンが発見された。カタマランに乗って近くのキャトルフレール環礁を見に行くこともできる。もちろんこのリゾートにも神秘的な雰囲気と官能的な花の香りが漂っている。

見どころと滞在

▸ マダガスカル島の近くには、ノシ・べ島やミチオ諸島という景勝地がある。ノシ・べ島にはココナツとイランイランの農園があり、コロニアルな雰囲気が漂う。

▸ ミチオ諸島のひとつ、サルバンジナ島には伝説的なサカラヴァ王の墓があり、聖なる島とされる。この島の気候は年間を通して穏やかで、新婚旅行には最適だ。

▸ サルバンジナ島にある「コンスタンス・サルバンジナ」には25のかやぶき屋根のビラがあり、お勧めのリゾートだ

宿泊 Constance Tsarabanjina ▸ tsarabanjina.constancehotels.com

熱帯の植物に囲まれたリゾート「コンスタンス・サルバンジナ」のビラ。野生環境に分け入る一歩手前のラグジュアリーな宿泊所だ。

「コンスタンス・サルバンジナ」のインテリアは現代的でシック。ビーチにはスパとマッサージスタジオがある。

モーリシャスでは素晴らしいビーチが島を囲むが、なかでもリゾートの「ル・トゥエスロック」の入り江にあるビーチは飛び抜けている。

» モーリシャス

モーリシャス島

新婚旅行で人気の島は内陸にも見どころが多い。

米国の作家マーク・トウェインは旅行記にこんなことを書いている。「神はまずモーリシャスを創り、次にモーリシャスを真似て天国を創った」と。決してセンチメンタルな感想とは言えない。アフリカとアジアの中間、インド洋のただ中に浮かぶモーリシャスはベルナルダン・ド・サン＝ピエール作の『ポールとヴィルジニー』の舞台になった。これはフランス語圏ではシェークスピアの『ロミオとジュリエット』と同じくらいの人気がある恋愛小説だ。

そうした事実から、世界中のカップルが愛を誓うロマンチックな場所としてここを選ぶのも納得できるだろう。島にはウェディングプランナーの事務所がたくさんあり、いろいろなセッティングのもとで結婚式をオーガナイズしてくれる（事務手続きも含む）。真っ白な砂

「ル・トゥエスロック」には宿泊客専用の島、イル・オ・セルフ島とモンジェニ島がある。

夕日に輝くル・モーン・ブラバン。標高は 556 メートル。玄武岩の山で頂上は植物で被われ、島の南西部のラグーンを見下ろす。

浜で、ヤシの木陰で、素晴らしい夕日をバックに、ヨットの舳先で。あるいは、歴史のあるパンプルムース植物園の大きなオオムニバス（蓮）が咲く池の前で、コロニアルスタイルの家のパティオで、さらには水中で式を挙げるという選択もある。生涯のパートナーとの誓いを交わすのにぴったりの地名もある：Belle Mare（美しい池）、Sans Souci（心配無用）、Plaisance（喜び）、Bois Cheri（愛しい森）などだ。

モーリシャス島には新婚旅行や思い出深いバカンスに適した海沿いの高級リゾートが数々ある。すべてのリゾートはサンゴ礁に守られた美しい浜に面し、最上のサービス、高級なスパ、エスニックシックの建築などを備えている。なかでも「ル・トゥエスロック」は飛び抜けて恵まれたロケーションにある。宿泊客だけがアクセスできるモンジェニ島も敷地のなかにあり、ここでロビンソン・クルーソーのような気分を味わえる。

モーリシャス島の最大の魅力はビーチだと思われがちだが、海から離れたところにも魅力的な場所がいろいろある。活気に満ちた首都ポート・ルイスには立派なコロニアル風の建築やヒンズー教の寺院がある（温和な住民のほとんどはインド系）。よく保全された熱帯林、ブラックリバー渓谷国立公園、黄土色から藍色までさまざまな色合いの火山岩が見られるシャマレル、島の面積の半分を占めるサトウキビプランテーションの緑も見事だ。

ハイクラスな観光と並んで砂糖生産もモーリシャス経済の主要な担い手だ。島のエネルギー需要の半分は、サトウキビの廃棄物をエチルアルコールに変換する工場から供給されている。モーリシャス島では電気もガソリンも甘いのだ。

見どころと滞在

▶ アフリカの東、インド洋に浮かぶモーリシャス島も新婚旅行にぴったりの場所だ。島にはウェディングプランナーの事務所がたくさんある。

▶ 島の景勝地ル・モーン・ブラバン山では、世界でもっとも珍しい植物のひとつであるハイビスカス・フラギリスが生息している。

▶ モーリシャスには海沿いに高級リゾートがたくさんあるが、「ル・トゥエスロック」の立地は注目に値する。敷地の中に宿泊客だけが利用できる島がある。

宿泊 Le Touessrok ▶ www.letouessrokresort.com

» ザンビア/ジンバブエ

ビクトリアの滝

世界最大級の滝はアフリカでもっとも見事な光景。

一生役に立つ情報をお伝えしよう。ビクトリアの滝を訪ねるなら2月から5月までの満月の日を選び、何も説明せずパートナーを世界でもっとも大きな滝（幅1708メートル、高さ108メートル）が見えるバルコニーへ誘い出そう。明るい月の光に輝いて虹が現れる。ここでしか見られない現象だ。

ここの先住民コロロ族はこの滝を「モシ・オ・トゥニャ（雷鳴とどろく水煙）」と呼んだ。ザンベジ川がマカディカディ塩湖から玄武岩の渓谷に落下するとき、耳をつんざくような轟音とともに、濃い蒸気状の水煙が舞い上がることからついた名前だ。50キロ離れたところから見える白い水煙をバックに、つかの間の虹が現れる。

1855年にスコットランド出身の探検家デビッド・リビングストンがヨーロッパ人として初めてこの滝に遭遇したが、虹は見なかったようだ。しかし彼は深く感銘し、「アフリカで見たもっとも見事な光景だ」と日記に書いている。

ビクトリアの滝は、隣接するモシ・オ・トゥニャ国立公園とビクトリア・フォールズ国立公園に守られている。これらの国立公園はザンビアとジンバブエにまたがっ

見どころと滞在

▶ ビクトリアの滝では、ザンベジ川が大音響を響かせ、水煙を巻き上げながらマカディカディ塩湖から玄武岩の渓谷に落下する。

▶「ロイヤル・リビングストン・ホテル」は、アフリカ奥地の探検の歴史とビクトリア朝のコロニアルな壮麗さを兼ね合わせた雰囲気が特徴だ。

宿泊 Royal Livingstone Hotel ▶ www.suninternational.com/fallsresort/royallivingstone/Pages/default.aspx

▶ 滝の見学のあとは、隣接するモシ・オ・トゥニャ国立公園とビクトリア・フォールズ国立公園の中を散策したい。

ビクトリアの滝の迫力。ザンベジ川はビクトリアの滝を経て川幅を広げ、島をつくり、いくつもの水路に分かれる。

ビクトリアの滝からわずか徒歩15分の至近距離に、「ロイヤル・リビングストン・ホテル」がある。

ホテルの中は、ビクトリア王朝時代のコロニアルな壮麗さが漂っている。

て広がり、面積は約80平方キロメートルに及ぶ。圧倒的な自然の力とアフリカ大陸探検の大いなる物語を象徴する場所だ。

そしてまさにその2つがこの地域を体験する指針となる。つまり野性的で冒険的な旅と、内面に向かう瞑想的な旅だ。前者の旅としてはザンベジ川の急流でラフティングをする、滝の上でバンジージャンプをする、ゾウの背に乗ってトレッキングに出かけシマウマ、キリン、ヌー、インパラ、サル、ワニを観察するなどが挙げられる。内面の旅としては川に点在する島々へ船でゆっくりと渡る、もしくは20世紀初頭に英国の大実業家セシル・ローズの依頼で建設された蒸気機関車に乗り（これがアフリカ奥地の観光の幕開けとなった）、夕暮れ時にシャンパンをすするなどの選択肢がある。

満月であろうとなかろうと、ザンビアのリビングストン市での宿泊は「ロイヤル・リビングストン・ホテル」がお勧めだ。このホテルの名前は、まさに滝を“発見した”リビングストンにちなんでつけられた。アフリカの神秘とビクトリア王朝時代のコロニアルな壮麗さが見事に組み合わさったホテルだ。

モシ・オ・トゥニャ国立公園とビクトリア・フォールズ国立公園では、徒歩でサファリに出るツアーがある。

» ボツワナ

モレミ動物保護区

外界から遮断された野生の地で動物を観察。

モレミ動物保護区で1日に出会う人の数は10本の指に収まる程度だ。一方、数え切れないほどのリーチュエと遭遇する。この赤い毛をした大型のアンテロープは6万頭も生息すると言われている。さらにバッファローとゾウは合わせて3万頭いる。大きな群れをつくって暮らす習性があるので、どの方向を向いても最低20頭は視野に入る。雌ライオンが獲物を追う場面や子どもと一緒に和んでいる姿を見かけることも多いし、リーダーの雄がゆったりと獲物を食べている姿も見られる。ボツワナの伝統的カヌー、モコロに乗ってカバやワニを見に行くこともできるが、近づきすぎないよう気をつけなければならないほど数が多い。

アフリカの南西部を流れるオカバンゴ川の水はカラハリ砂漠で蒸発してしまい、海に達することはない。代わりに世界で最大級の内陸デルタ、オカバンゴ・デルタを形成する。無数の島があり、水路が交差し、パピルスやソーセージノキなど珍しい樹木が群生する。乾期、雨期など季節によって風景は変化する。

この扇型をしたデルタの中にモレミ動物保護区がある。面積としてはオカバンゴ・デルタの5分の1を占めるのみだが、外界から遮断された野生の地だ。ここに来るには飛行機が唯一の手段だ。モレミ動物保護区では星空の下でヒョウに出合うなどエキサイティングなことがいくつも起こる。ヒョウは孤独で誇り高い夜行性の肉食動物だ。夜のモレミはとてつもなく広大で、パワフルになるので、外側に現実世界が存在することを忘れてしまいそうになる。

6月から10月までの乾期にデルタの景色の美しさは最高潮に達する（同時に観光客の数もピークに達する）。しかしこの時期でさえ、原始の世界にいるという思いは強くわき上がる。幸いなことにそうした畏怖感を和らげてくれる豪華なサファリキャンプがいくつかある。キャンプは互いに離れた位置にあり、そのなかでもっとも高級なのが「リトル・モンボ」だ。最高6人の宿泊客しか受け入れないので、サービスが行き届いている。最高にロマンチックな川辺のオアシスだ。

モコロはボツワナの先住民の伝統的なカヌー。もともとはソーセージノキをくりぬいて作ったが、今はファイバーグラス製だ。オカバンゴ・デルタの入りくねった水路を滑るように進んでいく。

「リトル・モンボ・キャンプ」は荒野の中の川に囲まれた高級ホテル。

見どころと滞在

▶ ボツワナの北部にある広大なオカバンゴ・デルタ。この中にモレミ動物保護区がある。

▶ ここはデルタのただ中にあるため、セスナ機で行くしかない。まさに外界から遮断された野生の地で、多くの動物をふんだんに見ることができる。

▶ オカバンゴ・デルタにはサファリキャンプがいくつかある。もっとも高級なのが、モレミ動物保護区の川辺にある「リトル・モンボ・キャンプ」。人里離れたこうした場所で、ワイルドかつラグジュアリーな体験をできるとは誰も想像できないだろう。

宿泊 Little Mombo Camp ▶ www.wilderness-safaris.com/camps/little-mombo

モレミ動物保護区には多くの動物が生息し、ヒョウが見られる可能性も高い。

「アブ・キャンプ」ではゾウに乗って夕日のサファリに出かけられる。ゾウの大群が水を飲んでいる風景が見られることもある。

“オカバンゴ・デルタは乾季のときが最高に美しい”

6人しか客を収容しない高級な「リトル・モンボ・キャンプ」では、カップルは専用のベランダでくつろげる。ここからの景色は素晴らしい。

「リトル・モンボ・キャンプ」にはエレガントなスイート、グルメな料理が用意され（上）、知識豊かなサファリガイドもいる。ラウンジではカクテルを飲みながら動物を観察できる（下）。このロッジはチーフス・アイランドにある。ボツワナの部族の首長に捧げられた島なので、この名前がついた。

» 南アフリカ

クルーガー国立公園

南アフリカで最大の保護区で野生動物を堪能しよう。

子どもたちを連れて水飲み場に来た母ライオン。サファリで目にするもっとも心温まる光景のひとつだろう。

アフリカでサファリに参加したことがある人なら、ライオン、ヒョウ、ゾウ、サイ、水牛が“ビッグファイブ”であることをご承知だろう。しかしなぜ、同じように大きな動物であるカバやキリンが含まれないのだろうか。理由は、ビッグファイブの狩りは大きな危険を伴うからだ。狩りだけでなく、撮影するために近づくときも注意を払わなくてはならない。

クルーガー国立公園をオフロード車で回っている最中にゾウに遭遇すると、人は畏敬の念に打たれる。ここのゾウはアフリカゾウのなかでもっとも大きなゾウで、牙は3メートルもある。国立公園に数多く生息し、自由に繁殖することができる。

私営の保護区「サビサビ・プライベート・ゲーム・リザーブ」の宿泊施設にあるスイート。大きなダブルベッドの上にあるごつごつした木の幹は、自然が主人であることを宿泊客に伝えているかのようだ。

クルーガー国立公園の面積は約200万ヘクタール。南アフリカで最大の、そしてもっとも古い保護区だ。1898年、まだアフリカで大型動物の狩りが倫理的に問題視されていなかった時代に、「サビサビ・ゲーム・リザーブ」が設けられた。その後、政府は環境意識を高めるキャンペーンを率先して行い、その結果サビサビを核に範囲は次第に広がり、1926年には国立公園に指定される運びとなった。

ここには、哺乳類が147種、爬虫類が114種、両生類が34種、魚49種、鳥507種もいる。ほかに336種の樹木もある。岩絵を含む古人類学的発見も多くあり、実に素晴らしい国立公園だ。

国立公園に隣接して多くの私営リザーブがある。名称をあげると、クラセリー、ティンババティ、ソーニーブッシュ、マラマラ、サビサンド、そしてサビサビだ。これらが集まって世界最大の私営野生保護区を形成している。もっとも古いのがサビサビで、顧客からは「生涯最高のサファリを経験した」と30年間、評価され続けている。ここでは早朝と夜間に車でサファリに出かけられる。

昼過ぎになったら、ウスバカゲロウ、ヒョウモンガメ、ハネジネズミ、ウシハタオリ、カブトムシなど“リトルファイブ”の小動物を歩いて見まわるサファリが楽しい。冒険に出ていない時はロッジで“野性的なラグジュアリー”を満喫できる。プールの脇でのアペリティフ（ここからキリンやアンテロープの水飲み場が見える）、火を囲んでグルメな夕食、心も体もリラックスするスパなどを楽しめる。

見どころと滞在

▸ クルーガー国立公園は南アフリカの北東端、モザンビークとの国境沿いに広がっている。南アフリカで最大の保護区だ。

▸ この国立公園に隣接して、クラセリー、ティンババティ、サビサビなど私営の保護区がいくつもある。

▸ これら私営保護区の中でもっとも古い「サビサビ・プライベート・ゲーム・リザーブ」では、ライオンやヒョウ、ゾウなどの“ビッグファイブ”の動物を見ることができる。

宿泊 Sabi Sabi Private Game Reserve ▸ www.sabisabi.com

サビサビ保護区のレンジャーは、この土地と動物の習性を知り尽くしている。彼らのおかげで夜行性のヒョウを見ることもできる。

デューン45の砂丘は高さが約170メートル。夜明けと夕暮れ時には燃えるような色に輝く。

» ナミビア

ナミブ砂漠

夕暮れ時、オレンジ色に輝く砂丘がとても美しい。

高さ約330メートルの「ビッグダッディ」は世界でもっとも高い砂丘だ。足を砂に取られながら頂上まで登るのはかなりの難行だ。気温の変化も激しい。夜明け前はかなり冷え込むが、いったん太陽が出るとすぐに40度を越す。「ビッグダッディ」を撮影するなら、その“伴侶”である「ビッグママ」に登ったほうがいい。こちらの方が少し低いし、“死の沼地”デッドフレイを一望できる。800年以上前に枯れたアカシアの黒い枯れ木が残るカラカラに乾いた土地だ。

その反対側に目を向けると、もうひとつの窪地、ナラフレイが見える。ナラという植物が繁殖しているのでつけられた名前だ。ナラはメロンのような果実をつけ、この不毛の地に暮らす動物にとって貴重な食料となっている。長いツノをした気品のあるオリックス（アフリカでもっとも大きいアンテロープだ）、スプリングボック、ジャッカル、ダチョウなどがここに生息している。

デューン45はもっとも頻繁に撮影される砂丘で、完璧なピラミッド型をしている。ピンク色の砂は夜明けと

デューン45の土地には生き物がいないように思えるが、実は多くのオリックスが暮らす。アフリカでもっとも大きいアンテロープだ。

デッドフレイ地区の光景は形而上学的とも言える。800年以上前に枯れたアカシアの枯れ木が残っている。

夕暮れ時にオレンジ色に輝く。この一帯はソススフレイと呼ばれ、ナミビアで一番人気がある観光地だ。実際ここに立つと、何もない砂漠が予想もしなかったほど豊かな感動を引き起こすことがわかる。そしてここでは何もない風景が際限なく続くのだ。

しかしソススフレイは世界最古の砂漠であるナミブ砂漠のほんの一部に過ぎない。そしてそのナミブ砂漠はナミブ=ナウクルフト国立公園の一部で、スイスの国土ほどの面積があり、アフリカ最大の、世界で4番目に広い保護区だ。ナミビア自体、世界でもっと広い国のひとつだが、人口はもっとも少ない国のひとつに数えられる。

ナミブ砂漠はすべてから隔離された場所で、心理ホラー映画『ザ・セル』のバーチャルリアリティーのセッティングにも使われた。しかし、ここに来るカップルにとっては永遠の愛のシンボルに映るだろう。熱気球に乗ったり、砂丘の上でシャンパンつきの朝食を取ったり、渓谷沿いを馬に乗って散歩したりと、この砂漠を楽しむための選択肢はいくつもある。美しいロッジもいろいろある。

そのなかでもっとも人里離れた魅力的な宿泊施設が「デューン・ロッジ」だろう。ナミビアでは最大のロッジだ。環境保護主義者のアルビ・ブルックナーが所有するプライベートリザーブ、「ナミブランド」のなかに建っている。エレガントな趣のコテージは厳しい持続

見どころと滞在

▸ナミブ砂漠は、アフリカ南西部のナミビアにあるアフリカで最大の砂漠だ。

▸デューン45は、世界でもっともよく撮影される砂丘。ナミブ=ナウクルフト国立公園の入口であるセスリウムからソススフレイへと向かって45キロの地点にあるので、こう呼ばれる。

▸国立公園に隣接するナミブランドリザーブは20万ヘクタールの広さがある。ナミビアで最大のロッジ、「デューン・ロッジ」はこのリザーブのなかにある。

宿泊 Dunes Lodge(Wolwedans Collection) ▸ www.wolwedans.com

「デューン・ロッジ」では、熱気球や乗馬のツアー、星を観察するツアーもある。望遠鏡を手に、徒歩で雲ひとつないナミブ砂漠の星空を眺めに出かける。

「デューン・ロッジ」は人里離れた魅力的なロッジ。

可能な環境基準に従ってつくられ、素材は木とキャンバス地のみだ。

ここにはさまざまなアクティビティーが用意されている。歩いて、または小型飛行機に乗ってサファリに出かけることも、最高にグルメな食事を楽しむこともできる。極めつけは「スターベッド」だ。戸外でランタンの明かりだけを頼りにダブルベッドに横たわり、星空を眺めながら忘れがたい一夜を過ごすことができる。

「デューン・ロッジ」では持続可能性のコンセプトに従いながら、宿泊客に心地よい滞在と最高の食事を提供する。レストランはナミビア中のサファリでもっともグルメ。

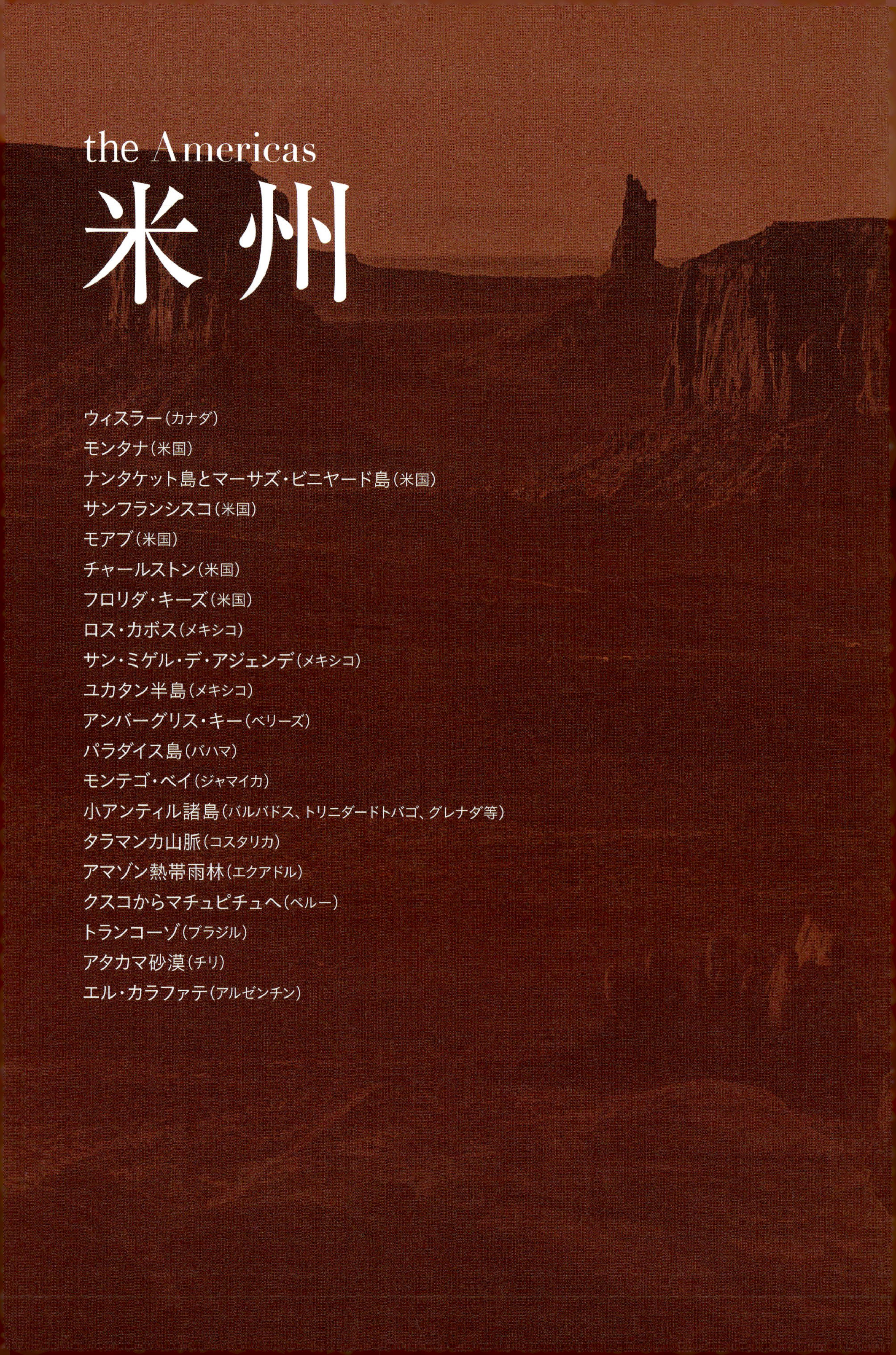

the Americas
米州

ウィスラー（カナダ）
モンタナ（米国）
ナンタケット島とマーサズ・ビニヤード島（米国）
サンフランシスコ（米国）
モアブ（米国）
チャールストン（米国）
フロリダ・キーズ（米国）
ロス・カボス（メキシコ）
サン・ミゲル・デ・アジェンデ（メキシコ）
ユカタン半島（メキシコ）
アンバーグリス・キー（ベリーズ）
パラダイス島（バハマ）
モンテゴ・ベイ（ジャマイカ）
小アンティル諸島（バルバドス、トリニダードトバゴ、グレナダ等）
タラマンカ山脈（コスタリカ）
アマゾン熱帯雨林（エクアドル）
クスコからマチュピチュへ（ペルー）
トランコーゾ（ブラジル）
アタカマ砂漠（チリ）
エル・カラファテ（アルゼンチン）

Chapter 4

» カナダ

ウィスラー

北米最大のスキーリゾートで冬を満喫しよう。

19世紀末、ここにやって来た猟師の一団はいくつもの小さな氷河湖から霧が立ち昇っているのを目にした。彼らは祖国である英国の霧を懐かしく思い、ここを“ロンドン”と名付けた。しかし、1966年にこの村がスキーリゾートとして再出発する際、この名前は多少暗く悲しげな響きがあると考えたのだろう。周辺の山に住むロッキーマーモットが口笛に似た鳴き声をすることから、ウィスラー（口笛）と改名された。口笛は幸運をもたらすことになった。

2010年にバンクーバーで開催された冬季オリンピックでは競技の一部がここウィスラーで行われた。約110キロ離れたバンクーバーとはハイウェーで結ば

ニタ湖（氷河湖）のほとりにある「ニタ・レイク・ロッジ」はカナダでもっとも高級なホテルのひとつ。

れており、太平洋岸から森や山に囲まれた世界一のパノラマ風景のなかを走り抜けてここに至る。ウィスラーはアメリカ大陸のなかでもっとも大きなスキーリゾートで、インストラクターが1200人もいる華やかな場所になっている。

セレブが訪れることも多い。キャメロン・ディアスとジャスティン・ティンバーレイクのむつまじい姿がゲレンデで目撃されたとの噂がたち、ロックスターのシールは氷河の上をヘリコプターで飛んでいる最中に、トップモデルのハイディ・クルムに求婚したそうだ。その後、スーパースターたちのロマンスは太陽の下で雪のように溶けて消えてしまった。しかしロマンチックなバカンスに出かけようとするカップルは、そんなことを気にする必要はない。

スキーなどのスリルに富んだスポーツだけでなく、ここではアフタースキーも楽しい。太平洋の島々、アジア、カリフォルニアなどの食材と調理法を取り入れた「パシフィック・リム」というスタイルの人気料理を出すレストランがたくさんある。なかでもバンクーバー湾の牡蠣とバッファローのステーキが代表的な料理だ。

シャンパンの飛び交うレストランに負けず、ホテルもラグジュアリーなものがそろっている。その代表である「ニタ・レイク・ロッジ」は日本風の建築と素晴らしいスパが備わり、カナダでもっとも高級なホテルに数えられている。

ウィスラーの魅力は夏であっても十分に満喫できる。スキーのゲレンデは自然のなかでのトレッキング（左ページ写真）やマウンテンバイクのコースに変わる。さらに5月から10月まではロッキーマウンテニア鉄道の一路線であるシートゥスカイ・クライム号に乗って“エコな方法”でウィスラーに行くことができる。ナショナル ジオグラフィック誌が「人生を変える経験のひとつ」と呼んだ列車の旅だ。

見どころと滞在

- ウィスラーはカナダ西部ブリティッシュコロンビア州にあるスキーリゾート。ウィスラー・マウンテンとブラッコム・マウンテンから成り、スキー場としては北米でもっとも広い。
- 賑わいのあるリゾート地だけに、アフタースキーも楽しい。「パシフィック・リム」と呼ばれる当地の人気料理はぜひ試してみよう。
- ラグジュアリーなホテルの代表格、「ニタ・レイク・ロッジ」は日本風の建築で趣がある。

宿泊 Nita Lake Lodge ▸ www.nitalakelodge.com

ウィスラーのスキーゲレンデ。太平洋から近いので気温は冬でもマイナス15度以下に下がることはない。平均の積雪量は約11メートル。

ルックアウト・ロックから見た「リゾート・アット・ポーズ・アップ」の牧場。ブラックフット川の谷に位置し、敷地面積は約1万5000ヘクタールある。

» 米国

モンタナ

草原のただ中で過ごすロマンチックな州。

20世紀を代表する偉大な作家、ジョン・スタインベックはかつて「私はモンタナと恋に落ちてしまった」と書いた。「愛着を覚える州もあれば、素晴らしいと思う州もある。尊敬の念を抱く州もある。しかしモンタナの場合は恋なのだ。恋をしているとき、なぜと聞かれても答えられない」。大作家でなくても、モンタナの魅力を言い表す言葉を見つけるのは難しい。

モンタナにはいくつかのニックネームがついている。「大きな空の州」「宝の州」「輝く山脈の地」「最後で最高の地」などだ。これらすべてがモンタナを適切に表している。モンタナは広大な面積をもち、それを大きな空が覆うから「大きな空の州」なのだ。面積は約38万平方キロで人口は100万人（動物の数の方が多く、グリズリー・ベアがもっとも多い州だ）。ほかでは経験しがたい“永遠”をここの大空の下で感じることができる。

「宝の州」「輝く山脈の地」と呼ばれる理由は、ロッキー山脈の一部である24の山脈がモンタナにあ

ポーズ・アップのテントのエレガントなもてなし。モンタナのような“野性的”な場所では予想外と言っていいだろう。

ポーズ・アップのスイートはキャンバス地でできている。ブラックフット川近くの田園風景のなかにある。

るからだ。イエローストーン国立公園とグレーシャー国立公園のなかに位置するものもある。なぜ「最後で最高の地」なのかと言えば、それはルイス・クラーク探検隊が赴いた時代以来、風景がほとんど変わっていないからだ。1803年に当時の大統領トーマス・ジェファーソンは、米国北西部から太平洋に抜けるルートを見つけ出すため、この2人を調査に向かわせた。その成果が近代米国の誕生の基礎となったのだ。

今でもモンタナ州は最後のフロンティアだ。先住民との戦いのなかでもっとも有名なリトルビッグホーンの戦いが行われたのもこの地で、カスター中佐の部隊は大敗北を喫した。州内には11の先住民部族が今も暮らしており、シャイアン族、ブラックフット族の保留地を訪れることができる。特にパウワウの祭りの時期を選んでいくといい。

ほとんどの人にとってモンタナはジョン・ウェイン主演の西部劇に出てくる土地そのものだろう。カウボーイのように馬にまたがって家畜を牧草地に連れ出す体験ができる場所柄から、男性だけにアピールするバカンス地だと思われがちかもしれない。しかし草原のただ中で過ごすのは想像以上にロマンチックな体験だ。とくに「リゾート・アット・ポーズ・アップ」のような場所ではそうだ。ここはブラックフット川の谷に位置する約1万5000ヘクタールの大牧場の中の、野生的な自然に囲まれたラグジュアリーなリゾートだ。

グレーシャー国立公園にも近いし、馬で遠乗りに出かけたり、ラフティングで冒険をしたり、またはザイルを使って岸壁を下りるアプザイレンでスリルを味わうこともできる。4月にはこの牧場で米国中のカウガールが集まるラウンド・アップのイベントが行われ、1週間のあいだ西部が女性に占領される。

見どころと滞在

▸ 米国北西部の広大なモンタナ州は米国で最後のフロンティア。「大きな空の州」など、いくつかのニックネームはそれぞれモンタナの一面を表している。

▸ モンタナはジョン・ウェイン主演の西部劇に出てくる土地でもあり、草原のただ中で過ごすのはとてもロマンチックだ。

▸「リゾート・アット・ポーズ・アップ」では、馬に乗って牛の群と移動するなど本物のカウボーイライフを体験できる。魚釣りや近くのグレーシャー国立公園に出かけてもいい。

宿泊 The Resort at Paws Up ▸ www.pawsup.com

ナンタケット島の北部にあるホテル「ザ・ウォーウィネット」。

» 米国

ナンタケット島とマーサズ・ビニヤード島

セレブの保養地は海の景色が格別に美しい。

ナンタケット島とマーサズ・ビニヤード島は1977年、マサチューセッツ州からの離脱を中央政府に申請した。ワシントンで話し合いが行われたものの、きっぱり拒絶された。国の最高機関が下したこの判断に対し、住民たちはプラグマチックな反応を示した。自分たちの島はこの判断に関わらず、これからも特別な存在であり続けるのだと。それもそのはずだ。この島の住民たちはアメリカンドリームの現代バジョンを体現する特別な人々なのだから。

この2つの島はメキシコ湾流のおかげで、10月まで暖かい日々が続く。ケープコッドの南に位置し、東海岸からさほど遠くない。船だと約1時間で到着する（より良い手段はプライベートジェットだ）。しかしここに"到着する"ことはそれ以上のことを意味する。つまり

ホテルの片側は大西洋に、もう片側は静かなナンタケット湾に面している。

セーリングだけでなく、ロブスターなどの釣りとアサリの潮干狩りもナンタケットの常連客に人気がある。

人生において大きな成功を手に入れたことを。

ここはケネディ一家（まさに“ザ・ビニヤード”の守護者）、マドンナ、ロバート・デ・ニーロ、そのほかピュリツァー賞を受賞した作家たちなど裕福で高名な人たちがバカンスを過ごす場所なのだ。このような特別な場所であり続けられたのは、彼ら自身の気品ある控えめな態度とプライバシーを尊重する姿勢によるところが大きい。

2つの島ではマーサズ・ビニヤードの方が大きく、樹木が多く茂っている。ナンタケットは野性的でずっと“大西洋的”だ。実際、岬にはアシカが群れをなして暮らし、19世紀には捕鯨の中心地として栄えた。

両島とも海の風景は格別に美しく、海岸にはエドワード・ホッパーの絵から抜け出てきたような灯台が点在し、魅力的な浜もある。マーサズ・ビニヤードには砂岩の崖が連なり、1日を通して色が変わる。崖の上にはワンパノアグ族が住むワトゥッパ・ワンパノアグ・インディアン保留地がある。彼らは伝統的な暮らしを守り、ピンク色の貝殻玉のアクセサリーを作っている。ワンパノアグ族はここだけでなく、マサチューセッツ州の沿岸の全域に住んでいた先住民だ。

ナンタケットとマーサズ・ビニヤードの地域の半分は法律で保護されており、家の大きさやスタイルは厳しい基準に適合していなければならない。夏はマンハッタン、ワシントンDC、ハリウッドなどからセレブがやってくるが、彼らも表向きには地味な家やホテルに暮らすことを強いられる。

見どころと滞在

▶ ナンタケット島はかつて捕鯨で有名だった島だ。邸宅の多くはニューヨークやボストンからやって来る富裕層の隠れ家となっている。

▶ ナンタケット島の北部にある「ザ・ウォーウィネット」の高級ホテルでは、休日をゆっくりと過ごすサービスを用意している。

宿泊 The Wauwinet ▶ www.wauwinet.com

▶ マーサズ・ビニヤード島には砂岩の崖が連なり、崖の上にはインディアンの保留地がある。

エドガータウンの夏の夕日。マーサズ・ビニヤード島にある5つの灯台のひとつ。

マーサズ・ビニヤードの浜の背後には砂岩の崖がある。ワンパノアグ族インディアンの土地で保留地となっている。

マーサズ・ビニヤードの見どころのひとつは、オークブラフス地区にある『ヘンゼルとグレーテル』に出てきそうな鮮やかな色のかわいらしい家並みだ。メソジスト教徒が100年前に建てたものだ。ナンタケットは「灰色のレディー」というニックネームがある。木造の家がひと冬潮風にさらされるとエレガントな灰色になるからだ。ミニマルなラグジュアリーを提供する高級ホテル、「ザ・ウォーウィネット」の色もグレーだ。ここでは船に乗ったり、年代物の車に乗ったりできるなど、さまざまな楽しみが用意されている。

» 米国

サンフランシスコ

文化や景勝地などオールラウンドで楽しめる町。

アラモスクエアにあるパステルカラーの古い家々“ペインテッド・レディ”。

ミュージカル『ビーチ・ブランケット・バビロン』のフィナーレで、役者のひとりがサンフランシスコの風景を模した帽子をかぶって現れる。直径がおよそ4メートル、高さが180センチもある巨大な帽子だ。『ビーチ・ブランケット・バビロン』は1974年6月7日に封切られ、米国でもっとも長い間上演されているミュージカルだ。ノースビーチのイタリア人街にあるクラブ・フガジという小さな劇場で週に8回上演される。この劇場には393の座席があり、ロココ調の内装が施されている。客はツーリストと現地の人が半々。中には50回も観たという人がいるが、毎回新しい感動を覚えるそうだ。

湾から望むサンフランシスコの夜景。40年以上も上演され続けたミュージカル『ビーチ・ブランケット・バビロン』で役者がかぶる大きな帽子にはこの風景が再現されている。

『ビーチ・ブランケット・バビロン』は熱狂的なファンには『BBB』の通称で親しまれている。驚くべき帽子とキラキラした衣装。涙が出るほど笑わせてくれ、夢を抱かせてくれる。サンフランシスコでバカンスを取るなら足を運ぶといいだろう。

このミュージカルは米国でもっともリベラルで、もっともクレージーな町サンフランシスコの本質を表していると言える。この町はそれぞれの時代ごとに伝説を生んできた。例えば1950年代のビートニック、70年代のフラワーチルドレン、90年代のサイバースペース探索者たち。時代はさかのぼるが、リーバイ・ストラウスという人物がジーンズを“発明”したのもこの町においてだった。その後、ジーンズは世界中の若者の服装に革命を起こすことになった。

サンフランシスコが持つエネルギーは、カストロ地区を中心に起きたゲイムーブメントに明らかだ。また、レンゾ・ピアノが設計したカリフォルニア科学アカデミーのような建築物や広大な公園にもそれが表れている。これらは世界でもっとも高いエコ意識を持つ都市のひとつ、サンフランシスコで起きたグリーン革命を物語るものだ。エコムーブメントは米国にオーガニックな市場やレストランが広まるきっかけとなった。ファーストフードが埋め尽くす国のなかで、こうした店はスローフード哲学の旗手となっている。

サンフランシスコは名所ずくめの町だ。足で歩いてまわるか、急な坂を上る名物のケーブルカーに乗って探検に出てみよう。例えばチャイナタウンで東洋を発見したり、ビクトリア様式やエドワード様式の建物を見ながら“金ピカ時代”に想いをめぐらせたりすることもできる。代表格はアラモスクエアに並ぶ “ペインテッド・レディ”（化粧をした夫人たち）と呼ばれるパ

見どころと滞在

▸ 米国西海岸でステイ先の筆頭にあがるサンフランシスコは、映画の舞台にもなり、エコ意識も高いエネルギッシュな町だ。

▸ 名所ずくめの町でもある。急な坂を上る名物のケーブルカーはぜひ乗ってみよう。足で歩いて散策するなら、ビクトリア様式やエドワード様式の建物を見るのがいい。アラモスクエアに並ぶパステルカラーの家々はこの町らしいたたずまいだ。

▸「カバロ・ポイント」は歴史的にもエコロジーの観点からも重要なゴールデン・ゲート国立レクリエーションエリアのなかにある。

宿泊 Cavallo Point – The Lodge at the Golden Gate ▸ www.cavallopoint.com

ゴールデンゲート・ブリッジが低い雲の中からまるで魔法のように立ち上がる。この橋はサンフランシスコのシンボルだ。

西海岸でロマンチックな宿のひとつ「カバロ・ポイント」の全景。

「カバロ・ポイント」の室内。

ステルカラーの木造家屋だ。

　サンフランシスコを舞台にした映画も多く、『アルカトラズからの脱出』やダシール・ハメット原作のミステリー映画の撮影現場にいるような気分も味わえる。サンフランシスコ湾の中にあるアルカトラズ島はかつて刑務所だったところで、対岸にはこの町でもっとも有名な観光名所フィッシャーマンズ・ワーフがある。ヒッチコックも何度かサンフランシスコをロケ地に選んでいる。『鳥』のシーンはここで撮影されたし、『めまい』のクライマックスシーンにはオレンジ色をしたゴールデンゲート・ブリッジのたもとが選ばれた。

　ゴールデンゲート・ブリッジの両側は公園や保護区になっており、歴史的建造物や貴重な自然が残っている。橋の北側にある隣町のサウサリートにはホテル「カバロ・ポイント」がある。恋するカップルにぴったりのエレガントでこじんまりした宿だ。景色も素晴らしく、町の中をあれこれ観光したあとにゆったりくつろぐには最適だ。サンフランシスコ以外にも北カリフォルニアにはグルメに適した観光地がある。世界的に有名なワインの生産地ナパバレーもそのひとつだ。

北に少しドライブするとナパバレーの穏やかな丘が見えてくる。世界的に有名なワイナリーがあり、グルメのレストランで食事を楽しめる。

ブライス・キャニオンの冬景色。

» 米国

モアブ

壮大な国立公園で天然橋や砂岩の台地を堪能しよう。

アーチが天然橋（232ページ写真）として正式に分類されるには、開口部が最低3フィート（約90センチ）なくてはならないと定義されている。ユタ州のアーチーズ国立公園にはこの基準に適合する天然橋が2000も登録されている。世界で最も大きい天然橋ランドスケープ・アーチもここにあり、アーチの部分が100メートルを超える。サッカー場ほどの長さがあるわけだ。

アーチーズ国立公園には天然橋以外に赤い砂岩層もある。1億5千万年も繰り返された洪水とそれに続く水の蒸発（全部で26回）、地盤の隆起とそのずれ、そして現在も続く腐食によって形成されたものだ。

また塩分を含む黒味がかった砂の地層もあり、ところどころ一時的に水たまりができる。これは菌類、藻類、地衣類、シアノバクテリア（分かる範囲で地球上もっとも古い生物）でできた層だ。

しかし、そうした地質学的知識は（この公園の説明にはつきものだが）、実際にユタ州のレッド・ロックカントリーを目にしたときの衝撃を和らげる足しにはならない。レッド・ロックカントリーはコロラド高原の北部にあり、4つの州にまたがって33万5000平方キロの面積を覆い、アーチーズ国立公園初め30の保護区や

「モアブ・アンダー・キャンバス」の客室はネーティブアメリカンのコーン型をしたテントで、大自然を満喫できる。

グランド・キャニオンの岩に雪が積もった風景も忘れがたい。

国立公園を含んでいる。ザイオン国立公園、ブライス・キャニオン国立公園、モニュメント・バレー国立公園、グランド・キャニオン国立公園、メサ・ベルデ国立公園などだ。メサ・ベルデ国立公園には、ナバホインディアンの先祖に当たるアナサジ族が残した断崖をくり抜いた住居跡がある。

この地域ではアウトドアの冒険を含むさまざまなアクティビティーが楽しめる。すべてを紹介するのは無理なので、ロマンチックなプランを紹介しよう。まずはモアブへ向かおう。ここは20世紀初頭にウラン鉱山の町として栄えたが、今はエンタテインメントやレクリエーションのセンターとなっている。

ここから数キロのところに、アーチーズ国立公園の入口とリゾート「モアブ・アンダー・キャンバス」がある。これは自然のただ中にあるラグジュアリーなキャンプ地で、北米先住民のコーン型をしたテント「ティピー」が客室となっている。米国西部のサファリを経験できるほか、徒歩またはマウンテンバイクでトレッキングしたり、グリーン川やコロラド川の急流でラフティングしたり、フリー・クライミングしたり、熱気球に乗って小旅行に出かけたりもできる。

天然橋のアーチーズ国立公園もさほど遠くないし、ユタ州のシンボルであるデリケート・アーチが夕日に輝く姿はぜひ見ておきたい。一方、キャニオンランズ国立公園はアーチーズ以上に地球離れしているという人もいる。ユタ州で最も広い保護区で、グランドビューポイントに立つとその広大さが実感できる。標高が約1800メートルあり、メサ（砂岩でできたテーブル状の台地）の全景を見渡すことができる。深さ1000メート

見どころと滞在

▸ モアブは米国ユタ州の南東部にある町で、古き良き西部がいまも健在。この町や近郊では『駅馬車』など多くの映画が撮影されている。

▸ ラグジュアリーな「モアブ・アンダー・キャンバス」は、アーチーズ国立公園やキャニオンランズ国立公園に出かけるのに最高のロケーションだ。

宿泊 Moab Under Canvas ▸ www.moabundercanvas.com

▸ アーチーズ国立公園ではデリケート・アーチなどの天然橋、キャニオンランズ国立公園ではメサ（テーブル状の台地）の大自然をぜひ満喫したい。

“夕日に映えるデリケート・アーチは
この上なく美しい”

デリケート・アーチ(上)はアーチーズ国立公園を代表する風景だ。キャニオンランズ国立公園(右)にあるメサ(テーブル状の砂岩台地)は西部劇に登場するので見たことがある人は多いだろう。

ルの渓谷に刻まれた台地は「アイランド・イン・ザ・スカイ」（空に浮く島）と呼ばれ、異星の風景のようだ。この国立公園内には岩の尖塔が並び立つ「ニードルズ」と呼ばれる地区もある。色は黄土色から明るい赤まであり、マンハッタンのスカイラインのようだ。

　この国立公園の奥にあるホースシュー・キャニオンまで行くと、さらに宇宙的になる。ここには古代先住民が残した岩絵があり、そのなかには体からアンテナのようなものが突起している絵がある。宇宙人だという説もあるが…。

» 米国

チャールストン

南部の歴史の町で安らぎと気品を感じる。

ピンクニー城の桟橋から見る夕日。この砦はチャールストン港を守るため1818年に建てられたもので、南北戦争で重要な役割を果たした。

映画史上でもっとも感動的なシーンのひとつは、『風とともに去りぬ』のラストのスカーレット・オハラと愛人のレット・バトラーの別れのシーンだ。世紀の美男クラーク・ゲーブルが演じるレット・バトラーはスカーレットを見つめながらこのように告げる。「故郷のチャールストンに帰ることにした。あそこにはきっと安らぎと気品が残っているはずだ」と。

映画の背景となっている南北戦争の時代、チャールストンは南部連合軍にとって海に面する重要な前哨基地だった。そのため北軍の爆撃を受け、封鎖もされ、伝説的な戦闘の舞台ともなった。チャールストンは米国の歴史を担った、そして現在も担い続けている町なのだ。

チャールストンはサウスカロライナ州の沿岸に位置し、アシュリー川とクーパー川にはさまれた半島の形をした町だ。この町はいろいろな記録を持っている。米国でもっとも早く（1698年）図書館が設立され、劇場（1736年）、国立博物館（1773年）、ゴルフコース（1786年）も米国初のものだ。狂騒の20年代を象徴するダンス、チャールストンもこの町の名を取ったもの

チャールストンでは港沿いのバッテリーの小道に並ぶ歴史的建造物を眺めながら散策できる。

だ。さらには米国の歴史的建造物となった73軒のエレガントな家が完全な状態で保全されている。この町では過去が現在に生きているのだ。

石畳の道を歩くと（馬車に乗ることもできる）、昔の映画のセットにいるような気分になる。湾に沿って古いパステルカラーの家が並ぶレインボー・ロウと、半島の突端にあるバッテリーにはぜひ行ってみたい。チャールストンは米国でロマンチックな町として非常に人気が高く、バレンタインデー前後の週末にホテルを確保するのは至難の業だ。

恋人たちにとって『風と共に去りぬ』の気分を味わう以上にロマンチックなことがあるだろうか。それには「ウェントワース・マンション」のスイートを予約するといいだろう。このホテルは19世紀に木綿産業で大成功を収めた実業家の家をエレガントで風変わりなホテルに改造したものだ。マホガニーの家具や真鍮の飾りがついた調度品、ティファニーのステンドグラスがキラキラ輝いている。ここに泊まり、歴史地区にある他の建物を訪れるだけでもチャールストンのバカンスは充実したものになるだろう。つけ加えれば、キャンドルの明かりの下でスパイシーな南部料理を味わうのも忘れないように。

町の周辺にあるビーチや沖に浮かぶ島々（今ではエコツーリズムが盛んだ）、木綿栽培の広大なプランテーションにも行ってみたい。そのひとつがドレイトン・ホールで、ジョージアのパラディオ式建築の最高例だと言われている。ミドルトン・プレイスには豪華な屋敷と、米国でもっとも古く、もっとも美しいとされる庭がある。ブーン・ホール・プランテーションには樹齢何百年のオークの木が並ぶ素晴らしい並木道があり、米国でもっとも撮影回数の多いところだ。ここを散策していると、スカーレットとレットが手を携えて現れてきそうな気がする。

見どころと滞在

▶ 米国南東部サウスカロライナ州の沿岸にあるチャールストンは、南北戦争の時代、南部連合軍の基地だったこともある歴史の町だ。

▶ チャールストンでは時間をとって歴史地区を散策してみよう。港沿いの小道、バッテリーに並ぶ歴史的建造物もぜひ眺めたい。

▶ チャールストンの中心にあるエレガントなホテル「ウェントワース・マンション」はもと木綿業の実業家の家を改装したもので、家具や調度品が見もの。

宿泊 Wentworth Mansion ▶ www.wentworthmansion.com

ブル島のボーンヤード・ビーチの夜明け。チャールストンの北にあり、周辺の島のなかでもっとも大きい。この島はケープロメイン国立野生動物保護区の一部で、自然に囲まれたなかで散策が楽しめる。

近郊のブーン・ホール・プランテーションへ続く道に並ぶオークの木は苔で被われている。オークの木は1743年に植えられたものだ。ブーン・ホールは米国南部のプランテーションの歴史を今に伝えている。

“米国でロマンチックな町といえば、チャールストンだ”

チャールストンから20キロほど行ったところにあるドレイトン・ホール。もっとも優れたコロニアル建築のひとつ。

木綿業者のためにチャールストンの中心に建てられた「ウェントワース・マンション」はエレガントなホテルに変身した。

部屋にはマホガニーの家具、真鍮製の調度品、ティファニーのステンドグラスが備わっている。

» 米国

フロリダ・キーズ

サンゴ礁の島々が連なる米国最南端の景勝地。

フロリダ・キーズのリトル・トーチ・キー島にある高級リゾート、「リトル・パーム・アイランド・リゾート&スパ」。

米国フロリダ州のマイアミと米国最南端の都市キー・ウェストを結ぶ全長約290キロのオーバーシーズ・ハイウェー（国道1号線）。42の橋が真っ青な海に架かり、島々を結んでいる。この米国ならではのハイウェーは、できればオープンカーで髪をなびかせながら走りたい。キー・ウェストには日の入り前に着き、「サンセット・セレブレーション」に間に合うようにマロリースクエアの最前列に陣取ろう。このイベントは毎日行われ、太陽がカリブ海に沈むと大きな拍手が湧き起こる。

キャラメル色をした小さな家々、土産物屋、奇抜なTシャツ、米国人が旅行中に必ずかぶるサンバイザー

真っ白いビーチでくつろいだり、さまざまな青に輝く海でマリンスポーツを楽しんだりできる。

が目に入ってくる。キー・ウェストはキッチュな魅力に満ちた場所だ。何十軒もあるカクテルバーからは大音響で音楽が流れてくる。そして必ず「パパ・ヘミングウェイが飲んだ店」というサインを掲げている（しかし『武器よさらば』で知られる伝説的な作家ヘミングウェイが通ったのは、世界的に有名になった「スロッピー・ジョー」だけ）。この楽しい雰囲気に感染するまでゆっくり楽しんでみよう。

暗い夜道、ゴーストスポットをまわりながら過去の不気味な逸話を聞くゴーストツアーもある。タロットカードで将来を占ってもらうのもいいだろう。道や桟橋は占い師で一杯だ。夢が実現するとみんな励ましてくれる。

ロマンチックなバカンスの過ごし方もある。フロリダ・キーズには1700のサンゴ礁の島がネックレスのように連なっている。どの島にも真っ白な浜辺とヤシの木があり、海は透き通っている。米国の保護区でもっともトロピカルな島であるバイーヤ・ホンダ・キーではシュノーケリングやバードウォッチングができる。ダイビングの世界的中心地を自称するキー・ラーゴ島では水晶のように透明な海でイルカやカメと泳げる。

しかし、何といってもリトル・トーチ・キーのサンゴ礁にある楽園のようなリゾート「リトル・パーム・アイランド・リゾート&スパ」は選ばれた少数のバカンス地だろう。ここへは船、もしくは水上飛行機でしか渡れない。この高級リゾートは米国で新婚旅行の行き先のトップテンに入る。ここで組まれるさまざまなプログラムのひとつに、“サンドバー・セッション”がある。満月の夜、一流ジャズミュージシャンたちが浜辺でコンサートを開くのだ。いつまでも心に残る音楽となることは疑いない。

見どころと滞在

▸ フロリダ・キーズは米国フロリダ半島の先端にある一連の島々のことで、フロリダ・キーズ諸島とも言われる。米本土から国道1号線でつながり、半島に近い最大の島キー・ラーゴを経て最南端のキー・ウェストまで続く。

▸ フロリダ・キーズの島々はシュノーケリングなどのマリンスポーツが楽しめる。キー・ラーゴ島はダイビングスポットで名高い。

▸「リトル・パーム・アイランド・リゾート&スパ」は、サンゴ礁にあるリトル・トーチ・キーの小さな島を占有している。

宿泊 Little Palm Island Resort & Spa ▸ www.littlepalmisland.com

アイラモラーダは5つの島から成るので“島の村”という別名がある。フロリダ・キーズを愛した作家アーネスト・ヘミングウェイにならって、この船着き場からスポーツフィッシングに出かけよう。

イタリアのクレッシー家（ダイビング用品のメーカー）が米国のアンダーウォーター協会に寄付したキリスト像。キー・ラーゴ島近くの水深8メートルの海底にある。

1980年代に沈没した米国の沿岸警備隊のカッター、デュアン号は魚に人気の場所となった。ここはキー・ラーゴ島でもっともスリルに満ちたダイビングスポットのひとつ。

» メキシコ

ロス・カボス

バハ・カリフォルニア半島は野性的で荒々しい。

天然のアーチがあるロス・カボスのビーチはプラヤ・デル・アモール（愛のビーチ）とも呼ばれる。

地の果てという意味のエル・フィン・デル・ムンドはバハ・カリフォルニア半島の先端にあるアーチ状の岩だ（上の写真）。ここはちょうどカリフォルニア湾が太平洋と出合うポイント。透き通るようなターコイズブルーのカリフォルニア湾と深い青色の太平洋がはっきりしたコントラストを成している。この光景はカボ・サンルーカスから出る観光船から眺めることができる。この船のツアーではクジラを間近に観察することもできる。近辺の海はエル・ビスカイノ生物圏保護区に指定されており、クジラが保護されている。そのほかにもペリカンやアシカの大群が生息する岩場、海からそそり立つ岩柱や絶壁、その合間を縫う白い砂浜など野性的で荒々しい風景が広がる。

砂浜としてはカリフォルニア湾に面した“プラヤ・デル・アモール”（愛のビーチ）が有名だ。砂の小道を行くと半島の反対側の太平洋に面したビーチに抜ける。ここも美しい浜だが、太平洋の潮流には注意が必要だ。事実、こちらには“プラヤ・デル・ディボルシオ”

「ラス・ベンタナス・アル・パライソ」は心地よいリゾートで、ハリウッドスターにも人気がある。写真はここのインフィニティープール。

（離婚のビーチ）というウィットに富んだニックネームがついている。もし大切な人とのバカンスなら、このビーチは避けるべきだろう。

ほかにもバハ・カリフォルニアには見るべきものがたくさんある。例えばサボテンの生える幻想的な砂漠（オフロードの4輪バイクか四駆車が必要）、ツーリストで混み合うカボ・サンルーカス、より洗練されたサンホセ・デル・カボといった観光地がある。サンホセ・デル・カボではアートギャラリーや工芸品店で気のきいたショッピングを楽しみながら午後を過ごせる。

だがもし「ラス・ベンタナス・アル・パライソ」に部屋を予約しているなら、わざわざ船や砂漠のツアーで出かけなくても十分に楽しいバカンスを過ごせる。ここは砂漠、青い海、空、目を見張るような自然に囲まれた天国のようなリゾートだ。

常連客の中にはジェシカ・アルバ、グウィネス・パルトロー、ジョージ・クルーニーなどハリウッドスターの名前が連なる。このリゾートは宿泊客のプライバシーを完璧に守ることでスターたちの信頼を得ている。あまりにかたくなにプライバシーを守るので、ゴシップ誌はここで起こったラブストーリーの想像版を“スクープ”して取り上げるほどだ。

とはいえ、このリゾートで愛の日々を送るなら、このリゾートとも恋に落ちてしまうのは避けがたい。実際、多数の有能なスタッフがいて、“ロマンス部”さえ設けているのだ。滞在するカップルのためにマジカルな雰囲気を演出するのが仕事だ。例えば客室でのアロマセラピー、すべてから離れて崖の上で取るキャンドルディナーなどだ。プロポーズするには完璧なセッティングだとしか言いようがない。

見どころと滞在

▶ 米国西海岸サンディエゴ南の国境に接するメキシコンのバハ・カリフォルニア半島。ここの先端には素晴らしい景色が広がっている。

▶ 細長い半島にはカボ・サンルーカスやサンホセ・デル・カボなどの観光地が多く、半島全体をゆっくりとまわってみたいステイ先だ。

▶「ラス・ベンタナス・アル・パライソ」は憧れのリゾート。最上のラグジュアリーを提供しながら、環境とのバランスに注意を払っている。

宿泊 Las Ventanas al Paraíso ▶ www.rosewoodhotels.com/es/las-ventanas-los-cabos

エル・ビスカイノ生物圏保護区でホエールウォッチングに出ると、このようなクジラの生態を見ることができる。

サン・ミゲル・デ・アジェンデでもっとも高級なホテル「ロテル」。

» メキシコ

サン・ミゲル・デ・アジェンデ

文化と伝統のコロニアルな町の魅力を楽しもう。

毎年6月、メキシコのサン・ミゲル・デ・アジェンデで"狂人たちの祭り"が行われる。誰でも参加でき、参加者はそれぞれ派手な衣装や仮面をまとい、細い道を踊りながら行進する。この祭りは聖パドヴァのアントニオ、および彼ほど有名ではないがスペインの僧侶の聖パスクアーレ・バイロンにちなんだものだ。聖パスクアーレは菓子職人と夫に不満をもつ女性の守護聖人だ。実際に夫婦関係に関する懺悔をした人には、治療薬として卵黄、ワイン、砂糖などでつくるクリームの菓子を処方したそうだ。このパレードはカラフルで陽気さにあふれ、メキシコのなかでも独特な祭りのひとつとなっている。

サン・ミゲル・デ・アジェンデにはバロックやネオクラシック様式の貴族の館、バルセロナにあるガウディのサグラダ・ファミリアに負けないほど派手なネオゴシック調のカテドラルなど美しい建物がある。そしてこの町には他のどこにも見られないような光がある。人々が思い浮かべるメキシコのイメージを真から体現している町だ。

人口は8万人でそのうち1万5000人が外国人。サン・ミゲル・デ・アジェンデはちょうどメキシコ中央部のグアナフアト州に位置し、海からもっとも遠い町だ。1930

インテリアはクリエイティブ・コロニアルと呼ばれるスタイル。地元のアーティストの作品が飾ってあり、どれも販売しているので、バカンスの思い出に持ち帰ることができる。

美しい入り日がサン・ミゲル・デ・アジェンデの歴史地区を照らす。町を見下ろす壮麗なカテドラルはメキシコ風のネオゴシック様式だ。

年代末にこの町を復活させたのも外国人、米国出身の画家スターリング・ディキンソンだった。

この町は1551年にスペインの修道士によってこの地の温泉場の近くに築かれたのが始まりだ。その後サカテカス州で銀が見つかり、それをメキシコシティーに運ぶ銀の道が近くを通ったことで長く栄えた。メキシコの独立後は衰退し、ディキンソンが来たころ家々はほとんど見捨てられた状態にあった。彼は“没落した貴婦人”と恋に落ちてここに留まることになり、古い修道院で開校された美術学校の校長に就任した。20世紀のメキシコ美術界を代表する画家シケイロスもこの学校で教えていた。

時とともに再びサン・ミゲル・デ・アジェンデはかつての繁栄を取り戻し始めた。多くのアーティストがこの町に魅せられて居着くようになった。彼らが始めたホテルもある。そのひとつが「ロテル」だ。エレガントでカラフルでロマンチックな宿と言っていい。ここに泊まったら、きっとバカンスがいつまでも続いてほしいと願うことだろう。

ロテルは広大なエル・ハルディン広場の近くにある。この広場ではマリアッチが悲しげなバラードを演奏し、インディアンの女性がおいしい食べ物を売るなど、終日にぎわいを見せている。周辺の歴史地区は愛するカップルにはぴったりの場所だ。アートギャラリーや伝統的な市場、工芸品店をめぐったり、スパでリラックスしたりして楽しめる。スパにはテマスカルという蒸し風呂があり、シエラマドレ山脈の薬草を使っている。それとも何もせず、この劇場のようなコロニアルな町の魅力を楽しむのもいいかもしれない。“古い新世界”の典型のようなこの町自体を。

見どころと滞在

▸ メキシコ中央部にあるサン・ミゲル・デ・アジェンデは標高1900メートルの高原都市。伝統が息づく町で、アーティストが多いのも特色。

▸ 壮麗なカテドラルはぜひ見学したい。ネオゴシック様式で、豪華な装飾はバルセロナにあるガウディのサグラダ・ファミリアを思い起こさせる。

▸ エレガントなホテル「ロテル」は広大なエル・ハルディン広場の近くにあり、スイートのテラスからは素晴らしい景色が眺め渡せる。

宿泊 L'Ôtel ▸ www.l-otelgroup.com

チチェン・イツァはユカタン半島におけるマヤ文明の文化・宗教・経済の中心地だった。

» メキシコ

ユカタン半島

古代マヤ文明の遺跡をめぐる旅に出よう。

ユカタン半島はメキシコ南部、カリブ海に突き出た半島だ。年間に晴天の日が270日もある。ユカタンという名前は「あなたたちを理解できない」を意味するマヤ語の “Yuuuh-ax-tann” に由来するという説がある。スペイン人の征服者がマヤ文明の寺院を破壊し宝を持ち去るのを見ていたマヤ人たちが、力なくこの言葉を繰り返したという。今日に至ってもマヤ人の疑問は続いているようだ。なぜ観光客は混み合った狭い砂浜の上で肌を焼くのか。少し陸に入れば日陰がたくさんあるのに…と。

半島の先端にあるカンクンと海を見下ろすピラミッドがあるトゥルムの間、真っ青なカリブ海の海岸線は “マヤ・リビエラ” と呼ばれ、有名なバカンス地となった。特に避寒地としては格好の場所だ。ここでのバカンスはビーチに寝転びながら過ごす怠惰なものになりがちで、世界に名だたる古代マヤ文明の遺跡チチェン・イツァは駆け足でめぐることになりかねない。

ユカタン半島にはスペイン植民地時代の農園など

ポンペイ赤に塗られたホテル「アシエンダ・テモソン」の建物とプール。

1517年3月3日、最初にスペイン船員の目に入ったのはマヤ文明の町トゥルムだった。ユカタン半島でもっとも素晴らしい遺跡のひとつだ。

素晴らしい見どころはたくさんある。広大な土地に設けられたこれらアシエンダ（プランテーション）の所有者たちは、エネケンという植物の栽培によって富を蓄えた。エネケンはリュウゼツランの一種でサイザル麻に近く、繊維はロープや練り糸として使われた。ユカタンにあるエネケン港からヨーロッパに向けて出荷されたので、この名がついた。現在は化学繊維の普及によって産業は下火になり、アシエンダのなかには魅力的なリゾートに変身するところもでてきた。

そのなかでラグジュアリーなのが「アシエンダ・テモソン」。ポンペイ赤に塗られた建物には18世紀の家具が備わり、それぞれの客室にはキングサイズのハンモック付きのパティオがある。プライベート温水プールも完備している。海には車で1時間もかからない。メリダ（ユカタン州の州都）を訪れる以外に、プウク街道に足を伸ばしてウシュマル、カバー、サイル、ラブナーなどの遺跡をめぐることもできる。

ここから修道院ルートをたどることもできる。メリダを出発し、バロック調の修道院がある美しい村々を訪ねながらイサマルの町に出る。ここには1561年に建てられたサン・アントニオ・デ・パドゥア修道院がある。西半球でもっとも古い修道院だ。毎年8月15日と12月8日に、この黄色い修道院の前でキリスト教と古代マヤ信仰の融合を祝う祭りが行われる。ユカタン半島でもっとも重要な祭りだ。

見どころと滞在

▸ ユカタン半島の先端に近いマヤ・リビエラと呼ばれる海岸は有名なバカンスの地。半島ではほかにも農園や遺跡、修道院など見どころはたくさんある。

▸ 古代マヤ文明の遺跡チチェン・イツァは世界遺産。この中央にあるのが、カスティーヨと呼ばれるククルカンの神殿で、メキシコでもっとも有名な階段状ピラミッドのひとつだ。その向かいには同様に威厳に満ちた戦士の神殿がある。

▸ ラグジュアリーなリゾート、「アシエンダ・テモソン」は、スペイン植民地時代のプランテーションをエレガントなホテルに改造した。

宿泊 Hacienda Temozón ▸ www.haciendatemozon.com

ベリーズ沖のサンゴ礁にある有名なグレート・ブルーホール。このカルスト陥没穴を初めて探検したのは1971年、ジャック=イヴ・クストーだった。

» ベリーズ

アンバーグリス・キー

サンゴ礁とダイビングスポットが名高い中米の島。

ベリーズで海中美人コンテストをするとしたら、しなやかな動きと美しい色をしたロックビューティー、クイーンエゼルフィッシュ、フレンチエゼルフィッシュの3種の魚がミス・バリア・リーフのタイトルにふさわしいだろう。パロットフィッシュはきれいな縞や斑点があるが、体がやや太いので次点で我慢してもらおう。しかしこの魚には珍しい習性がある。早朝にダイビングやシュノーケリングに行くと、ゼリー状のねぐらにくるまって眠っている姿を目撃するのだ。これは外敵から身を守るためだとされている。

どんな夢を見ているのだろう。しかし、そもそも魚は夢を見るのだろうか。それは計り知れないが、人間にとっては北半球最大のバリア・リーフが夢のようなところであることは確かだ。サンゴの森のなか、目の前

アンバーグリス・キーの近くに「カヨ・エスパント」がある。プライベートの小島に設けられた高級リゾートだ。

ホール・チェン海洋保護区でサンゴ礁を探索するダイバー。アンバーグリス・キーの南にあり、面積は8平方キロ。北半球でもっとも大きなバリア・リーフで、素晴らしいダイビングスポットがある。

をありとあらゆる魚が横切り、驚くような種類の海洋生物が姿を見せるからだ。

その上、ダイビングとシュノーケリングのファンが大喜びするスポットはいろいろある。グレート・ブルーホール、ライトハウス・リーフ、ハーフ・ムーン・キー周辺のスポットだ。ハーフ・ムーンという名前を聞いただけでもロマンチックな気分になるが、海の中にはまさにそのような光景が待ち受けている。

ベリーズは陸の上も“アンベリーザブル”な世界だ。これはベリーズ最大の島、アンバーグリス・キーで造られた言葉で、ベリーズとアンビリーバブルとをかけている。島へ行ってみるとその理由が理解できる。

アンバーグリス・キーはサンゴによる砂浜と、迷路のようなマングローブの森で囲まれている。内陸はココヤシで被われている。唯一の集落サンペドロは小さな木造の家が並ぶのんびりした村で、カリブの音楽を聴きながらくつろいで過ごすのにもってこいだ。ここに大きなダイビング会社と、さまざまな内陸のツアーをアレンジするエージェントが集まっている。熱帯雨林を探索するツアーにはぜひ参加するといいだろう。なかにはカラコルやシュナントニッチのマヤ遺跡をめぐるものもある。

アンバーグリス・キー周辺には宝石を撒き散らしたように無数の小さな島がある。そのひとつ、プライベートの小島にある高級リゾート、「カヨ・エスパント」はサンペドロ港から5.5キロのところにある。新婚旅行にはうってつけだ。木造のビラが7つあるだけで、それぞれプライベートのビーチと桟橋があり、まるで外の世界など存在しないかのように過ごすことができる。サービスはまさに“アンベリーザブル”！

見どころと滞在

- 中米の東、カリブ海に面するベリーズには、オーストラリアのグレート・バリア・リーフに次ぐ世界第2位のサンゴ礁群があり、数多くの小島(キー)がある。
- ベリーズ最大の島、アンバーグリス・キーは、サンゴによる砂浜とマングローブの森に囲まれており、ダイビングや熱帯雨林の探索ツアーなどが楽しめる。
- 高級リゾート「カヨ・エスパント」はプライベートの小島にあり、文字通り自分たちだけのバカンスを満喫できる。

宿泊 Cayo Espanto ▸ www.aprivateisland.com

» バハマ

パラダイス島

ジェームス・ボンド映画のロケ地は総合リゾート。

カナダ人の宇宙飛行士クリス・ハドフィールドに、国際宇宙ステーションの窓から地球を見下ろした時、どこがもっとも美しいか尋ねたところ、迷わずこう答えた。「バハマだね。海が何色にも輝き、その美しさは夢のようだ。海はあらゆる青に輝いている」

今ではグーグルアースのおかげで、宇宙まで行かずにバハマ諸島にある700の島を見ることができる（そのうち人間が暮らすのは300のみ）。パソコンのスクリーンを眺めていると、これらの小さな島々へ飛んで行きたい衝動にかられるだろう。熱帯のビーチでしか味わえない自由を感じに…。

ハリウッドスターや多国籍企業のCEOなど裕福でラッキーな人でなければ、バハマの島を買うことなどできない。どのみち、ラグジュアリー部門の不動産はどんどん値上がりしているからあきらめるしかない。しかしリゾートで過ごすことで満足するなら（かなり贅沢な妥協だが）願いはかなう。しかも首都ナッソーと飛行場があるニュー・プロビデンス島からそう遠くまで行く必要はなく、橋で渡れる島がある。パラダイス島だ。名前を聞いただけでゾクゾクしてくる。

エグズーマ諸島はバハマでもっとも美しい諸島のひとつだ。海上190キロに渡って365の小島が散らばる。真っ白な砂浜があるパラダイス島は4本のジェームス・ボンド映画のロケ地となった。

パラダイス島はバハマ諸島の“アミューズメントパーク”として知られ、いくつかの記録を保持している。まずは2度もカリブ海の海賊の避難場所になったという世界で唯一の記録。1度目は17世紀から18世紀に存在した本物の海賊たち（悪名高きヘンリー・モーガン、キャラコ・ジャック、黒ひげなど）。2度目は映画に登場するフィクションの海賊（こちらも有名なジョニー・デップ）だ。さらにジェームス・ボンドの映画で4回もロケ地に選ばれたという記録。『007 サンダーボール作戦』『007 私を愛したスパイ』『ネバーセイ・ネバーアゲイン』では水中での戦闘シーンもあれば熱烈な水中ラブシーンもあり、そのあとの『007 カジノ・ロワイヤル』ではダニエル・クレイグが高級リゾート「ワン&オンリー・オーシャン・クラブ」の前でアストンマーティンDB5をアクロバット競技のように駐車するシーンがある。

ジェームス・ボンドの真似は控えるとしても、このリゾートはロマンチックな楽しみを豊富に提供してくれる。例えば真っ白な砂浜でリラックスしたり、グルメなディナーを楽しんだり、ベルサイユ宮殿をモデルにした庭（トロピカルで官能的な味付けがしてある）で散歩をしたり…。このリゾートには12世紀のアウグスチノ修道会の修道院まである。解体してフランスから運んだものをここで組み立て直したのだ。結婚を誓うには理想的な場所だ。

ほかにもサンゴ礁でシュノーケリングやダイビングをしたり、ドルフィン・キーでイルカと泳いだり、カタマランヨットでクルージングしたりできる。有名人をウォッチングして過ごすのもいいだろう。パラダイス島の常連にはビヨンセ、アリシア・キーズ、マイケル・ブーブレなどがいる。

見どころと滞在

- 西インド諸島にあるバハマはそれ自体が700の島で成り立っており、海の美しさで定評がある。
- パラダイス島は、首都ナッソーがあるニュー・プロビデンス島と橋でつながっており、交通の便がよいリゾート地だ。
- 豪華なリゾート「ワン&オンリー・オーシャン・クラブ」ではダイビングやクルージング、ゴルフなどさまざまなアクティビティーが楽しめる。

宿泊 One&Only Ocean Club ▶ oceanclub.oneandonlyresorts.com

パラダイス島の灯台はナッソー港の象徴となっている。1816年に建設され、西インド諸島で稼働している灯台ではもっとも古い。コラルビーチから歩いて行ける。

元プロゴルファーでゴルフコース設計家、トム・ワイスコフが手がけたオーシャン・クラブ・ゴルフコース。カリブ海でもっとも名高いコースのひとつだ。

ラグジュリアスでロマンチックな「ワン&オンリー・オーシャン・クラブ」には12世紀のアウグスチノ修道会の修道院がある。フランスから解体して運び、ここで組み立て直した。その下の庭はベルサイユ宮殿の庭をモデルにしている。

ドクターズ・ケープ・ビーチはジャマイカでもっとも有名なビーチ。

» ジャマイカ

モンテゴ・ベイ

コロニアルスタイルのリゾートでバカンスを楽しむ。

ジャマイカは世代を超えた多くの人にとって神話的な島だ。若い人には偉大なスプリンター、ウサイン・ボルトの国として知られているだろう。ジャマイカに行ったことがないのに、自分のなかにジャマイカを感じることができる。

人々がジャマイカに来るのは、何か強いものを感じて生きたいからだ。カリブ海の他の島にあるもの、例えば穏やかな海、夢のようなビーチ、ヤシの木、バカンス地にぴったりの享楽的雰囲気などはすべてジャマイカにもある。しかしジャマイカにはそれ以上のものがある。首都キングストンで感じるボブ・マーリーが残したラスタファリの伝統だ（訳注：ラスタファリはジャマイカの黒人の間で起きたアフリカ回帰運動で、音楽を通してその思想が表現される）。ネグリルのウェスト・エンド・クリフの突端にある有名なリックス・カフェでも同じものを感じることができる。ここで人々は昼も夜もレゲエのリズムに合わせて踊る。

内陸にも行ってみよう。世界でもっとも評価の高いコーヒーが栽培されるブルーマウンテンや、オーチョ・リオスの熱帯林。オーチョ・リオスの川では竹の筏で

ジャマイカの観光ではオーチョ・リオスの滝は必ず訪れたい。

「ラウンドヒル・ホテル&ビラス」のスパは18世紀のプランテーションの館を改造したもの。前には芝生の庭と海が広がる。

ラフティングしたり、滝で泳いだりできる。海岸線にある洞窟を探検しに行くこともできる。ここには海賊が隠した宝がまだ埋まっていると言われる。

ビクトリア王朝やジョージ王朝の時代の館を見物するのも楽しい。コロニアルスタイルの素晴らしい建築だ。そのなかでもっとも立派なローズ・ホール・ハウスは所有者だったアニー・パルマーの幽霊が出没するとの噂もあるので要注意だ。彼女は19世紀にこの館に住み、「白い魔法使い」の名で知られていた。数回結婚し、夫たちや愛人たち、多くの奴隷を冷酷無比に扱ったと言われている。

西海岸にあるモンテゴ・ベイはジャマイカでのバカンスのハイライトと言える。1942年に映画スターのエロル・フリンは「ここは私が知っているどの女性より美しい」と言い、その言葉がモンテゴ・ベイを有名にした。彼はコロニアルスタイルリゾート「ラウンドヒル・ホテル&ビラス」の常連客となった。それ以降、このリゾートは細心の注意を払ってリフォームされ続けることになる。ファッションデザイナーのラルフ・ローレンはここのインテリアデザインを手がけ、現在は理事会の役員となっている。モンテゴ・ベイのもっとも華やかなビーチ、ヒップ・ストリップの中心に位置している。

劇作家のノエル・カワードはしばらくここに滞在し、ビラのひとつで執筆した。ほかにもここでバカンスを過ごしたVIPはたくさんいる。英国の貴族、各国の首脳（ケネディは数回、ジャッキーと訪れている）、ハリウッドの有名人、ロックスターなどだ。マリリン・モンローとアーサー・ミラーが新婚旅行に滞在したコテージを予約することもできる。信じられない向きにはレストランに飾ってある彼らの楽しげな写真を見ていただきたい。

見どころと滞在

▶ジャマイカに行くなら同国の西海岸で人気の都市、モンテゴ・ベイにぜひ行ってみよう。

▶ここにある「ラウンドヒル・ホテル&ビラス」はコロニアルスタイルのリゾートで、有名人の滞在が多い。

宿泊 Round Hill Hotel & Villas ▶ www.roundhill.com

▶ジャマイカの楽しみ方はいろいろ。レゲエミュージックもいいし、内陸の美しい景勝地、オーチョ・リオスの滝は必ず訪れたい。カリブ海のクルーズも見逃せない。

トリニダードトバゴのユニオン・アイランド・ベイにはラグジュアリーなヨットがたくさん停泊している。

» バルバドス、トリニダードトバゴ、グレナダ、
セントビンセント・グレナディーン、グアドループ、ドミニカ、セントルシア

小アンティル諸島

カリブ海の東端にある島々は帆船でめぐるのが醍醐味。

ライムが1、砂糖シロップが2、ラム酒が3、砕いたアイスが4。これがバルバドス島のカクテル“ラムパンチ”をつくる割合だ。ラム酒はこの島で発明されたもので、ここに世界でもっとも古い商業用ラム蒸留所がある。英国人が1703年に創業したマウント・ゲイだ。この酒を本当に楽しむにはもうひとつの要素が必要だと現地の人は言う。それはビーチだ。どのビーチでもかまわない。小アンティル諸島の東の果てに位置するこの島には100の美しいビーチがあるが、どれを比べても見劣りしないからだ。

ラムパンチは400年前に英国の船乗りが考案したと言われている。ライムは当時の船乗りがかかった病気、壊血病に効くとされていた。サトウキビからつくるラムはホームシックの特効薬だった。

バルバドスのビーチはカリブ海でもっとも洗練され、もっともブリティッシュなビーチだ。しかし、今日、このビーチでパンチを飲みながら国に帰りたいと思う人はいないだろう。むしろ水平線を見つめ、いかりを上げて新しい冒険に乗り出したいと思うのではないだろうか。それならバルバドスの首都ブリッジタウンから（ここに世界でもっとも有名な提督、ホレーショ・ネルソンの像がある）、昔風の帆船に乗ってクルーズに出るのがいい。

この旅に連れ出してくれるのが「シークラウド」だ。台形の帆を持つ4本マストのスクーナー船（この種の船の正式名はウィンドジャマー）で、進水したのは1931年。32あるキャビンにはキングサイズのベッドとアンティークの家具が備えつけられている。特別な祝い事があるときには船全体を借り切ることもできる。シークラウドは10日かけて小アンティル諸島を一周する。ゴージャスな帆船の旅が何日も続くのだ。

この船旅では毎日が新しい刺激の連続だ。トバゴのマノウォー・ベイや、グレナディーン諸島にあるユニ

見どころと滞在

▶ カリブ海の東端にあり、大西洋とを区切っている一連の島々が小アンティル諸島。カリブ海クルーズの中心地のひとつになっている。

▶ 諸島の東にあるバルバドス島はとりわけビーチが美しい。ラム酒はこの島で発明された。

▶ 帆船の「シークラウド」は、小アンティル諸島をめぐる旅に彩りを添えてくれる。1931年、ウォール街のブローカーがドイツのキールで造らせた帆船だ。

宿泊 Sea Cloud ▶ www.seacloud.com

伝説的なウィンドジャマーの「シークラウド」は際立っている。全長は117メートルで4本のマスト、30枚の台形の帆がある。

バルバドス島で最高のビーチを選ぶのは難しい。100カ所もあり、それぞれみな美しいからだ。

バルバドス島は海の中も素晴らしい。

オン・アイランドのチャサムベイでダイビングをする。グレナダの首都、セントジョージズでナツメグ・シナモン・クローブ・ジンジャーの香りが漂う庭を訪れる。ドミニカではカブリッツ国立公園の森を歩いたり、グアドループの小さなイル・デ・サント諸島ではフランス的な雰囲気を味わったりできる。そしてセントルシアではビーチでくつろぐだけでなく、火山の噴火口からパノラマ風景を眺められる。この島出身のナポレオンの

「シークラウド」は完璧にチャーミングな帆船だ。チーク材のデッキ、ピカピカの真鍮の金具。共同スペースも大きなキャビンも立派だ。もっとも豪華なキャビンはこの船の最初の持ち主、マージョリー・メリウェザー・ポストが自分のために選んだものだ。ルイ14世風の家具とブロケードで整えられ、暖炉はカララ大理石だ。

最初の妻、ジョゼフィーヌ・ド・ボアルネも通った硫黄温泉につかることもできる。グレナディーン諸島で2番目に大きなベキア島に着いたら、マーガレットビーチの近くの保護区でウミガメを間近に観察できる。

バルバドスに戻ってきたら、ラムパンチで祝おう。ロマンチックな冒険を経験しただけでなく、真の愛の試練に合格したのだから。帆船で過ごした1日は陸で過ごした1年に値する。船乗りの言うことは信じていい！

タラマンカ山脈には数多くのジャガーが生息しているが、姿を現すことはめったにない。

» コスタリカ

タラマンカ山脈

生物多様性の国で自然との触れ合いを満喫。

コスタリカは60年以上前、軍隊を廃止することを決断した。軍備にお金を使うのではなく、この国の財産である自然を保護し保存することに使うと決めた。実際、コスタリカには素晴らしい自然が残っている。

コスタリカはパナマとニカラグアの間に位置する国で、片側は太平洋、もう片側はカリブ海に面している。面積から言えば地球の0.03パーセントに過ぎないが、生物多様性の観点からみると地球の生物種の5パーセントが生息すると言われている。環境保護において世界のトップ5に入る国だ。

2000年には世界初のエコロジカルな飛行機会社、ネイチャーエアが設立された。燃料にバイオディーゼルを使い、飛行機がどれだけ炭素を排出したかを毎年計算し、それに相当する金額を自然保護のために寄付する。コスタリカに行けばゼロインパクトのバカンスを過ごすことができるので、エコ意識が高い人にはこの国に滞在するのがお勧めだ。自然を楽しみ、冒険のスリルを味わい、エコラグジュアリーなリゾートに泊まることができる。

「パクアレ・ロッジ」のハネムーンスイートの名前は「リンダ・ビスタ」、美しい景色という意味だ。

タラマンカ山脈を源流とするパクアレ川は、南北アメリカの動植物が出合う地点となっている。

首都のサンホセとその周辺、そして海沿いに高級リゾートがあるのは当然だとしても、人里離れたところで洗練された冒険を楽しむことができるのは驚きだ。例えばタラマンカ山脈。この深い熱帯雨林地帯には先住民カベカール族の集落が点在し、またジャガーの最後の生息地のひとつともなっている。つまりここは、ジョセフ・コンラッドにならって言えば、ラテンアメリカ版の"闇の奥"の世界と言っていいだろう。

そのような原始の世界のただ中にリゾートの「パクアレ・ロッジ」がある。ここに行くにはパクアレ川をボートに乗って行くしか方法がない。激しい水流にもまれ、木のトンネルをくぐり、熱帯の鳥たちの歌声を聞きながらの本格的なラフティングだ。到着すると森のなかのシックなバンガローに案内される。ハネムーンスイートにはジャングルを見渡すプライベートプールもついている。

ここでは徒歩または馬に乗ってトレッキングしたり、バードウォッチングに出かけたり、先住民の村を尋ねたりと、思い出に残る体験がいろいろできる。キャノピーツアーでは、まるでターザンとジェーンになったような気分で熱帯雨林を味わうことできる。地上30メートルの高さでロープにぶら下がりながら（ラペリング）、木の上の台から次の木へと（最高で700メートル）空中散歩するアドレナリン全開の冒険だ。

パクアレ・ロッジにも空中体験ができる場所がある。地上20メートルの木の上に設けられたレストラン「エル・ニド」だ。ヤシの葉葺き屋根の愛らしい小屋で2人だけのディナーを楽しめる。パクアレ・ロッジには、受付のWiFi以外に電話もインターネットコネクションもテレビもない。しかしこんなディナーのあとでは、文明の利器なんて邪魔でしかないと思うに違いない。

見どころと滞在

- ▸ 中米コスタリカは生物多様性の国。環境保護においても世界のトップ5に入る。エコ意識が高い人にはステイ先としてお勧めだ。
- ▸ コスタリカとパナマにまたがるタラマンカ山脈は深い熱帯雨林地帯で、世界遺産に登録されている。
- ▸「パクアレ・ロッジ」は、中米でもっとも手つかずの自然が残る場所でありながら、ラグジュアリーなもてなしが約束されている。

宿泊 Pacuare Lodge ▸ www.pacuarelodge.com

アマゾン熱帯雨林にあるヤスニ国立公園では、上品な山猫のオセロットの姿も見られる。

» エクアドル

アマゾン熱帯雨林

密林の中心部にあるヤスニ国立公園で野生的な体験に挑戦。

アマゾン熱帯雨林を旅行すると決めたら、まずしなければならないことは彼女を説得することだ。蚊に刺されることはない、巨大な毒グモに噛まれる危険はない、アナコンダに押しつぶされることもピラニヤに食べられる心配もないと。確かにハリウッド映画にはアマゾンに行ったがために悲劇的な結末に終わる物語が多いが、"人食い動物"の怒りを買う可能性は非常に低いのだと。そしてこの緑のパラダイス、地球最大の密林への旅行は、最高の愛の証しなのだということを伝えなければならない。

アマゾン熱帯雨林は想像がつかないほど広いので、旅行に行くなら注意深く計画した方がいい。アマゾン川は全長6516キロ、1万本の支流がある。熱帯雨林のほとんどはブラジル国内にあるが、密林の中心部にアクセスするには他の国の方が都合のいい場合もある。そのなかでも野性的な体験ができ、ラグジュアリーな設備も整っており、ロマンチックな雰囲気も味わえるのがエクアドルだ。

首都キトから飛行機で30分、それからモーター付きの舟で数時間行くと、アマゾン熱帯雨林のただ中にあるヤスニ国立公園に到着する。川の反対側に「ラ・セルバ・アマゾン・エコロッジ&スパ」がある。ここにはエコな素材でつくられたスーパーラグジュアリーなスイートが12室ある。キャンドルディナー、スパでのマッサージなどが含まれるハネムーンパッケージもある。ヤスニ国立公園はナポ川とクラライ川にはさまれ、面積は168万2000ヘクタールある。アマゾン熱帯雨林の0.15パーセントに過ぎないが、地球でもっとも多くの生物種が生息するとの説もある。

ヤスニ国立公園に関するいくつかのデータはパート

見どころと滞在

▶ アマゾン熱帯雨林はブラジルに広がっているが、密林の中心部に行くにはエクアドルのヤスニ国立公園を訪れるのがひとつの選択肢だ。

▶ ヤスニ国立公園はアマゾン熱帯雨林全体の面積の0.15パーセントしか占めないが、地球上もっとも多様な生物種が生息する場所と言われる。

▶「ラ・セルバ・アマゾン・エコロッジ&スパ」はヤスニ国立公園に隣接している。ここにたどり着くだけでも冒険だ。エクアドルの首都キトからコカの町まで30分、小型機に乗る。そこから小さなモーター付きのカヌーに移り、2時間半ナポ川を進む。

宿泊 La Selva Amazon Ecolodge & Spa ▶ www.laselvajunglelodge.com

ここに暮らすワオラニ族は今も吹き矢で狩りをする。

持続可能なプランテーションに生える竹を使い、周囲の森と調和してたたずむ「ラ・セルバ・アマゾン・エコロッジ&スパ」。ガルサコチャ湖に面している。

ナーに伏せておいて、到着後にロッジのガイドに説明してもらった方がいい。ヤスニ国立公園には面積のわりに記録的な数の動物が暮らしている。例えば両性類が150種、爬虫類が120種、魚類が382種、昆虫類10万種、鳥類が586種だ。鳥に関して言えば、アマゾン川流域に生息する鳥の種の3分の1に当たる。サルやアルマジロ、バク、ジャガーも多い。植物に関しては地球上にこれほど多くの種類の高木や蔓植物があるところはほかにない。

ヤスニ国立公園にはフレンドリーなワオラニ族、キチュワ族以外に、狩猟採集民族であるタガエリ族とタロメナニ族が住んでいる。両部族とも“未接触部族”と呼ばれる部族で、年々その数は減っている。

ラ・セルバ・アマゾン・エコロッジ&スパは熱帯雨林の宝庫を探索するツアーを行っている。ロッジからすぐ近くのところにはオウムが土を食べる（クレイ・リック）ことで知られる場所がある。ここはエクアドルで（アマゾン川一帯でも）最高のバードウォッチングの場所でもある。ロマンチックなチョウの保護区も近くにある。

「ラ・セルバ・アマゾン・エコロッジ&スパ」は、アマゾン川流域のなかでもとりわけ奥地にある。

地元のガイドとロッジの自然観察員と一緒にヤスニ国立公園を歩いて巨大な木を見て回る。これは素晴らしい体験だ。

» ペルー

クスコからマチュピチュへ

古代インカ帝国の歴史と遺跡をたどる旅。

古代インカの遺跡
マチュピチュの光景。

インカという名前には神秘的な響きがある。ペルーの主要民族ケチュアの言葉では“王子”を意味している。王子は半神で、その統治する国は宇宙の中心にあると信じられていた。クスコはその国の首都で（世界の）“へそ”という意味だ。君主を意味するインカという名称は次第に国自体を意味するようになった。

13世紀にインカ帝国は歴史上もっとも強大で、統治が行き届いた帝国として成立した。以後1世紀以上に及んでペルーのアンデス地方のみならず、南米の広い地域を支配した。首都クスコにあるコリカンチャは神殿と砦を兼ねた政治の中心で、かつてその壁は金と宝石で埋め尽くされていたと言われる。こうしたことを考えると、1531年、フランシスコ・ピサロが率いる少数の軍隊によってインカ帝国があっさり打ち負かされたのは信じがたいことだ。当時の君主アタワルパはピ

クスコでは歴史的な「インカテッラ・ラ・カソナ」に泊まってみよう。

サロの裏切りによって暗殺されてしまった。

インカにまつわる歴史にじかに触れるには、「インカテッラ・ラ・カソナ」に泊まることを勧める。建物はピサロが兵士の宿営のために建てたものだ。もちろん今は軍事的な雰囲気は残っておらず、スペインのアンティークな家具、ケチュアの工芸品、クスコ派（植民地時代の南米でもっとも洗練された流派）の絵画が飾られた魅力的なホテルとなっている。

このホテル同様、クスコの町にも歴史が幾重にも重なっている。標高3999メートルにあるこの町は装飾豊かな教会や広場が訪れる者を魅了するが、特にラ・コンパーニャ・ヘスス教会、ラ・メルセー教会、サント・ドミンゴ教会は素晴らしい。サント・ドミンゴ教会は上述したコリカンチャ神殿の基礎の上に建てられたものだ。誇り高いクスコの住民はカラフルなポンチョに身を包み、顔の特徴からしてアタワルパ王子の直系の子孫であることが分かる。

クスコでは、工芸職人の地区サン・ブラスの細道を歩き回るのも楽しい。夕暮れ時にはカフェで休みながら日が沈むのを眺めよう。薄く透明な空気のせいで夕焼けは独特の美しさを見せる。高山病に効くとされるコカの葉のお茶マテ・デ・コカを試してみるのもいいだろう。

ケチュアの伝説をたどって、クスコからインカの聖なる谷へトレッキングに出てみよう。トウモロコシ畑や、カラフルな市場が立つ昔ながらのアンデスの村を抜けて行く2日間で40キロの旅だ。2日目の午後にはウルバンバ川を見下ろす町アグアスカリエンテスに到着する。町の祝祭的な雰囲気から目的地が近いことが分かる。ここで疲れを癒し、翌日の明け方にはインカの失われた都市マチュピチュに到着できるよう最後の力を振り絞る。曙光が遺跡にかかった霧を追い払うと、地球上でもっとも魅惑的で神秘的な遺跡が目の前に現れる。

見どころと滞在

▸ 南米で大切な人と過ごす旅は、古代インカの都市クスコからマチュピチュの遺跡への旅路がクライマックスとなるだろう。

▸ マチュピチュの遺跡は、標高2430メートル、ウルバンバ川を見下ろす場所にあり、まさに息を呑むような光景だ。

▸ クスコにある「インカテッラ・ラ・カソナ」はコンキスタドール、ピサロの軍隊の宿営地として建てられたコロニアル風の建物だ。

宿泊 La Casona ▸ www.inkaterra.com/inkaterra/la-casona

クスコにあるインカの遺跡サクサイワマンの前でポーズを取るケチュアの少女と若いアルパカ。

「ウーシュー・カーサ・ホテル&スパ」からビーチを望む。

» ブラジル

トランコーゾ

南米のバリ島と呼ばれるロマンチックな海辺の観光地。

ポルトガル船が初めてブラジルに到着したのは、有名なコパカバナの浜でもなければ、バイーアの入り江でもなかった。これらのちょうど中間地点、どちらからも800キロ離れた場所だった。1500年4月22日、ペドロ・アルヴァレス・カブラルは陸地を見つけて喜び勇んだ。左手遠方には山が見えた。ちょうど復活祭の日曜だったので、カブラルはこの山をモンテ・パスコアル（イースター山）と名付けた。

上陸した場所をポルト・セグーロ（安全な港）と命名した。縁起をかつぐ意味もあったのだろう。1586年にイエズス会の修道士たちが上陸地から30キロほど行ったところに平らな土地を見つけ、そこに教会と50軒ほどの家を建てた。インディオたちがここで神とともに平穏に暮らすことを想定したのだ。この村はサン・ジョアン・バティスタ・ドス・インディオスと公式な名前が与えられたが、現地の人々には「トランコーゾ」と呼ばれるようになった。

トランコーゾは南米のバリ島と呼ばれ、ブラジルでロマンチックな海辺の観光地とされている。しかしバリのような大型観光地にはならないよう注意が払われている。実際、ポルト・セグーロからトランコーゾに至るには、森を抜け、穴だらけの道を通らなければならない。緑に囲まれたクアドラド広場には古い教会があり、ここで結婚式を挙げるカップルが多い。まわりには植民地風の家々があり理想郷のような風景だ。

もっとも観光客が泊まれる大きなホテルはなく、トロピカル風のポサーダ（宿）しかない。しかし豪華で、カラフルで、シックなポサーダだ。このなかで先端をいっているのが「ウーシュー・カーサ・ホテル&スパ」。青々と繁った庭のなかに建つかわいらしい家が客室だ。プールには緑色をしたアベンチュリン・クオーツの石が4万個も敷き詰められている。この石は治癒力が高く、ポジティブなエネルギーを出すそうだ。

見どころと滞在

- トランコーゾはブラジルの南東、バイーア州のサルバドールとリオ・デ・ジャネイロのちょうど中間に位置し、“ネオ・ヒッピー”の雰囲気を漂わせる町だ。
- トランコーゾは海辺の観光地だけに、プライア・ド・エスペーリョなど素晴らしいビーチがいろいろある。
- 「ウーシュー・カーサ・ホテル&スパ」はトランコーゾの中心であるクアドラド広場の近くにあり、豊かなデザインセンスで設計されている。

宿泊 Uxua Casa Hotel & Spa ▶ uxua.com

ウーシュー・ビーチは「ウーシュー・カーサ・ホテル＆スパ」の一部で、トランコーゾの中心であるクアドラド広場から歩いて数分のところにある。

» チリ

アタカマ砂漠

砂漠の高地は天体観測に最適で自然現象の宝庫。

日干しレンガでつくられた「アルト・アタカマ・デザート・ロッジ&スパ」はアンデスの村をモデルとして建てられた。

NASAの火星探査機バイキング1号と2号の実験を行ったのはここ、チリのアタカマ砂漠だった。人類が誕生して以来、ここに雨らしい雨が降った記録はない。12万年の間、河床には一滴も降っておらず、地球上でもっとも火星に似ている土地であることから探査機の実験場に選ばれた。月の谷の夕日は私たちが見慣れている夕日ではなく、サテライトが観測するような“宇宙的”な夕日と言える。そもそも月の谷という名前自体、地球の景色からかけ離れていることを表している。

アタカマ砂漠は標高2000メートルから6000メートルもあるので、空気が非常に薄く、慣れるのに時間が

ロス・フラメンコ国立保護区にあるミスカンティ湖。

かかる。しかし湿度も光害もないので空は澄んでおり、天文学者が天体観測に集まる。地球のどこよりも星が近くに見える場所なのだ。信じがたいことに旧石器時代にはアンデス文明がこの地で栄えた。人口2000人程度のこの地域の主要な町、サンペドロ・デ・アタカマには考古学博物館がある。

荒れ地としか呼びようのないこの世離れした砂漠を訪れるのは、よほどタフな人か、宇宙や天文学マニアばかりだろうと思うのは大きな間違いだ。これほど極端な土地はあまりないだろうが、“究極のバカンス”とは愛を試すものであり、これから先に遭遇する喜びや試練を極彩色で予告するものだ。

喜びに関して言えば、ここではふんだんに見つけられる。信じられないほど美しい景色が、蜃気楼のように渓谷の彼方や山の頂き越しに現れる。世界で3番目に大きい塩湖であるアタカマ塩湖に行くと、薄い水たまりのあちこちにクリスタル状になった塩分が積み上がっているのが見られる。ピンク色のフラミンゴが何千羽もいるし、トカゲやラマも見かける。ここに順応した数少ない動物だ。アタカマ砂漠を徒歩、馬、自転車でトレッキングすれば、ありとあらゆる色をしたシュールな岩石層、高く噴き上げる間欠泉など驚くべき自然現象を見ることができる。

想像しがたいかもしれないが、アタカマ砂漠には究極のラグジュアリーを提供するリゾートがある。「アルト・アタカマ・デザート・ロッジ&スパ」という名称のホテルだ。ゴツゴツした赤い岩に囲まれた盆地のなかのミニマリスティックな施設となっている。プールは少なくとも6つあり（この地域には水がないことを考えるとパラドックスだ）、プライベート展望台もある。空に手が届くような砂漠の避難所だ。

見どころと滞在

▶ 標高2000メートル以上のアタカマ砂漠はまったくの乾燥地帯だが、空気は澄んでいて天体観測に最適。高地ならではの美しい景色が広がっている。

▶ アタカマ塩湖は面積が3000平方キロと広大で、標高は約2300メートル。世界で3番目に大きい塩湖だ。ここのリチウム埋蔵量は世界一と言われる。

▶「アルト・アタカマ・デザート・ロッジ＆スパ」の近くには、ミスカンティ湖のような不思議な風景が広がるロス・フラメンコ国立保護区がある。

宿泊 Alto Atacama Desert Lodge & Spa ▶ www.altoatacama.com

広大なアタカマ塩湖の塩原の景色は火星のようにシュールだ。

パタゴニアで名高い
ペリト・モレノ氷河。

» アルゼンチン

エル・カラファテ

パタゴニアで氷河を見るなら最適の玄関口。

アルゼンチン人自身が言うように、彼らは神話をつくり上げるのに長けている。タンゴもそうだしエヴァ・ペロンという伝説の女性も生み出した。現代のヒーロー、エルネスト・チェ・ゲバラもアルゼンチン出身だ。ハンサムで冒険家の情熱を持ったチェ・ゲバラは、フィデル・カストロの革命に参加するずっと以前に、国道40号線を下る常軌を逸した旅に出た。ボリビア国境の熱帯地域から、アルゼンチンとチリの国境が接する最南端のパタゴニアの氷冠まで、国の西側を縦貫する5000キロの道程だ。

チェ・ゲバラの驚くような旅（ほとんどオートバイで）と同じような旅にチャレンジしようと提案しているのではない。ご安心なされ。40号線を下ってアルゼンチンでもっとも神秘的なパタゴニアへ行ってみるのはどうか、という提案だ。もう少し正確にいうと、バリローチェからエル・カラファテまでの旅を指している。

決していい状態の道ではない。しかし人気のない田舎道に沿って、延々と美しい牧草地が続く。遠くに

アルヘンティーノ湖を見渡す
「エル・カラファテ・デザイン・
スイーツ」のプール。

明け方の光がフィッツロイ山を黄金に染める。別名をチャルテルといい、現地のマプチェ族の言葉で「煙を吐く山」という意味だ。しばしば雲が山を覆うのでこう呼ばれる。

フィッツロイ山が見えるようになると（登山の世界では最高のランクだ）、目的地に近づいた印だ。チリの国境に近いフィッツロイ登山のベースであるエル・チャルテンからエル・カラファテまでの最後の道のりは、パタゴニアのハイライトへの期待でわくわくしてくるだろう。面積4459平方キロ、47の氷河といくつもの湖や山があるロス・グラシアレス国立公園が間近なのだ。

アルゼンチン最大の湖であるアルヘンティーノ湖の南岸にあるエル・カラファテは1927年に建設された観光地で、世界遺産に登録されたロス・グラシアレス国立公園への玄関口となっている。長旅の疲れを癒すにはうってつけの町だ。「エル・カラファテ・デザイン・スイーツ」はシックで現代的なホテル。ペリト・モレノ氷河に出かける前の晩はここでゆっくり休みたい。青白く輝くペリト・モレノ氷河の突端は、ロス・テンパノス水道から湖へ至る流れに沿って立ちはだかっている。夏になって水のレベルが上がると、氷の塊が氷河から剥がれ、雷のような音を伴って湖に崩れ落ちる。運がよければこの場面を見られるかもしれない。

もし見られなかったら、湖畔を散歩しながらこの町の名前であるカラファテの実を探してみてはどうだろうか。これはハックルベリーの一種で、ここだけに生える棘のある低木だ。ホテルでこの実のジュースを注文することもできるし、アイスクリームと一緒ならさらにおいしいだろう。

見どころと滞在

▸ エル・カラファテはアルゼンチン南部パタゴニアのアルヘンティーノ湖に面する観光地。氷河で有名なロス・グラシアレス国立公園への玄関口となっており、多くの観光客が訪れる。

▸ ペリト・モレノ氷河は、パタゴニアのスパースター的存在。約250平方キロの面積を占め、蓄える淡水の量は世界で3番目だ。

▸「エル・カラファテ・デザイン・スイーツ」はアルヘンティーノ湖のほとりに建つシックで現代的なホテル。

宿泊 El Calafate Design Suites ▸ www.designsuites.com/hoteles/hotel-en-calafate.php

索引

地名のあとに（　）内で国名を表示している項目は、本編に掲載している記事のタイトルを示しています。
ホテルなどのリゾート施設は、索引の最後に五十音順で別掲しています。

ア行

カ行

サ行

タ行

ナ行

ハ行

マ行

ヤ行

ラ行

ワ行

リゾート施設

写真クレジット

Pages 2-3, 12 bottom, 13 top Courtesy of the Four Seasons Resort Bora Bora, Motu Tehotu
Page 4 Courtesy of the Singita Serengeti
Page 12 top Michel Renaudeau/Age Fotostock
Page 14 Paul Nicklen/National Geographic Creative
Pages 14-15 Ethan Daniels/Age Fotostock
Page 16 Courtesy of the Chris McLennan/Jean Michel Cousteau Resort
Page 17 Radius Images/Corbis
Page 18 Galen Rowell/Corbis
Pages 19 top, 19 bottom Courtesy of the Chris McLennan/Jean Michel Cousteau Resort
Page 20 top Neil Rabinowitz/Corbis
Page 20 bottom Courtesy of the The Moorings
Page 21 Jason Isley - Scubazoo/Science Faction/Corbis
Page 22 Courtesy of the St Regis Princeville
Page 23 G. Sioen/De Agostini Picture Library
Pages 24 top, 24 bottom Courtesy of the Emirates Wolgan Valley Resort & Spa
Page 25 Steven J Taylor/Shutterstock
Pages 26 top, 26 bottom, 27, 28 top, 28 bottom, 29 top and tbottom, Courtesy of the Longitude 131°
Page 30 top John Carnemolla/iStockphoto
Pages 30 bottom, 31 Courtesy of the qualia Resort
Pages 32, 33 Courtesy of the One&Only Hayman Island. Photographer Simon Upton
Pages 34, 37 bottom Courtesy of the Huka Lodge
Page 35 John Doornkamp/Design Pics/Corbis
Page 36 Woody Ang/Shutterstock
Page 37 top Michael Nolan/Robert Harding World Imagery/Corbis
Page 38 B Studio/Shutterstock
Pages 39 top, 39 bottom Courtesy of the Matakauri Lodge
Page 40 NCG/Shutterstock
Pages 40-41 Fakrul Jamil/Shutterstock
Page 42 Steve Rosenberg/Age Fotostock
Page 43 Knet2d/Age Fotostock
Page 44 McPHOTO/Age Fotostock
Page 45 top Sean White/Age Fotostock
Page 45 bottom Courtesy of the Alila Villas Soori
Page 46 top NH/Shutterstock
Page 46 bottom Courtesy of the Hiiragiya Ryokan
Page 47 cocozero003/123rf
Page 48 Courtesy of the Fuchun Resort
Page 49 chuyu/123rf
Page 50 ViewStock/View Stock RF/Age Fotostock
Page 51 Courtesy of the Banyan Tree Lijiang
Page 52 Michele Falzone/Age Fotostock
Pages 53 top, 53 bottom Courtesy of the Banyan Tree Lijiang
Pages 54, 55 Courtesy of the Uma by Como
Page 56 top Jimmy Tran/Shutterstock
Page 56 bottom Cristal Tran/Shutterstock
Page 57 Vidler Steve/Prisma/Age Fotostock
Page 58 top Aoshi VN/Shutterstock
Pages 58 bottom, 59 top, 59 bottom Courtesy of the The Nam Hai
Page 60 Luciano Lepre/Tips Images
Page 61 Kugler Jean/Prisma/Age Fotostock
Page 62 Kjersti Jørgensen/YAY Micro/Age Fotostock
Pages 63 top, 63 bottom Courtesy of the Belmond La Résidence Phou Vao
Page 64 top Livio Bourbon/Archivio White Star
Page 64 bottom Courtesy of the Raffles Grand Hotel d' Angkor
Page 65 Livio Bourbon/Archivio White Star
Pages 66 top, 66 bottom Courtesy of the Rayavadee
Page 67 apiguide/Shutterstock
Page 68 top konmesa/Shutterstock
Pages 68 bottom, 70, 71 top, 71 bottom Courtesy of the Dhara Dhevi
Page 69 Chatchai Somwat/Shutterstock
Page 72 Courtesy of the Belmond Road to Mandalay
Page 73 Bule Sky Studio/Shutterstock
Page 74 Blaine Harrington/Age Fotostock
Page 75 Jan Wlodarczyk/Age Fotostock
Page 76 top Milan Surkala/123rf
Pages 77 top, 77 bottom Courtesy of the The OberoiArmavilas
Page 78 Marcello Libra/Archivio White Star
Page 79 Wendy Connett/Robert Harding Picture Library/Age Fotostock
Page 80 sergwsq/123rf
Pages 81 top, 81 bottom Courtesy of the Rambagh Palace
Page 82 Yadid Levy/Age Fotostock
Pages 83, 84 top Du Boisberranger Jean/Hemis.fr/Age Fotostock
Pages 84 bottom, 85 bottom Courtesy of the Kahanda Kanda
Page 85 top Stuart Pearce/Age Fotostock
Page 86 Courtesy of the Four Seasons Resort Maldives at Landaa Giraavaru
Page 87 top Josef Beck/imagebroker/Age Fotostock
Pages 87 bottom, 88, 88-89 Courtesy of the Four Seasons Resort Maldives at Landaa Giraavaru
Page 92 top Schmid-Neebe Elke/Prisma/Age Fotostock
Page 92 bottom K Salminen/Blickwinkel/Age Fotostock
Page 93 JTB Photo/Age Fotostock
Pages 94, 95 top, 95 bottom Courtesy of the Ice Hotel
Page 96 top Galina Starintseva/123rf
Page 96 bottom Tatiana Savvateeva/123rf
Page 97 Tatiana Savvateeva/123rf
Page 98 top Sonnet Sylvain/Hemis.fr/Getty Images
Page 98 bottom Courtesy of the Hotel Astoria
Page 99 top sborisov/123rf
Page 99 bottom Zoonar/Kudrin Ruslan/Age Fotostock
Pages 100 top, 100 bottom, 101 Courtesy of the Juvet Landscape Hotel
Page 102 top Rafal Kwiatkowski/123rf
Page 102 bottom Courtesy of the Ardanaseig Hotel
Page 103 Rieger Bertrand/Hemis.fr/Age Fotostock
Page 104 ARCO/T Schäffer/Arco Images/Age Fotostock
Pages 104-105 Adam Burton/Robert Harding Picture Library/Age Fotostock
Page 106 top Noppasin Wongchum/123rf
Page 106 bottom Courtesy of the Das König Ludwig Hotel, Spa & Wellness
Page 107 Shen Tao/Shutterstock
Pages 108, 110 bottom lef Courtesy of the The Chedi Andermatt
Page 109 Massimo Pizzotti/Age Fotostock
Pages 110-111 P. Frischknecht/Arco Images/Age Fotostock
Page 110 top lef Anton J. Geisser
Page 112 top Moirenc Camille/Hemis.fr/Age Fotostock
Page 112 bottom Courtesy of the Château de Colombier
Page 113 ARCO/R. Kiedrowski/Arco Images/Age Fotostock
Page 114 ARCO/Scholz, F/Arco Images/Age Fotostock
Pages 114-115 JoseIgnacioSoto/iStockphoto
Page 116 Stefano Scata' /Tips Images
Page 117 Sylvain Grandadam/Age Fotostock
Pages 118, 119 top, 119 bottom Courtesy of the Domaine Les Crayères
Page 120 top Yann Guichaoua/Age Fotostock
Page 120 bottom Funkystock/Age Fotostock
Page 121 Florian Monheim/Bildarchiv Monheim/Age Fotostock
Page 122 top Vidler Steve/TravelPix/Marka
Page 122 bottom Renault Philippe/Hemis.fr/Age Fotostock
Pages 123 top, 123 bottom Courtesy of the Château des Briottières
Pages 124-125 Pierre Jacques/Hemis.fr/Getty Images
Page 124 bottom AFP/Stringer/Getty Images
Pages 126 top, 126 bottom, 127 top, 127 bottom Courtesy of the Les Fermes de Marie
Page 128 Courtesy of the La Colombe d' Or
Page 129 Sylvain Sonnet/Getty Images
Page 130 Andreas Karelias/123rf
Page 131 top OSOMEDIA/Age Fotostock
Page 131 bottom Gerth Roland/Prisma/Age Fotostock
Page 132 Courtesy of the Cristallo Hotel, Spa & Golf
Page 133 Walter Zerla/Cubo Images
Pages 134-135 Katja Kreder/imagebroker/Age Fotostock
Page 135 Marcello Bertinetti
Page 136 Aleksandrs Kosarevs/123rf
Page 137 Marcello Bertinetti
Pages 138 top, 138 bottom, 139 top, 139 bottom Courtesy of the Hotel Danieli
Page 140 AlbertoSimonetti/iStockphoto
Page 141 Dudarev Mikhail/Shutterstock
Page 142 top argalis/iStockphoto
Page 142 bottom Lynne Otter/Age Fotostock
Page 143 top, 143 bottom Courtesy of the Byblos Art Hotel Villa Amistà
Pages 144 top, 144 bottom Courtesy of the Belmond Hotel Splendido e Splendido Mare
Page 145 Antonio Attini/Archivio White Star
Page 146 Stevan ZZ/Shutterstock
Page 147 top Jennifer Barrow/123rf
Page 147 bottom leoks/Shutterstock
Page 148 top Sergii Figurnyi/123rf
Page 148 bottom Antonio Attini/Archivio White Star
Page 149 Antonio Attini/Archivio White Star
Page 150 Tomas Marek/123rf
Pages 151 top, 151 bottom Courtesy of the Relais La Suvera
Pages 152 top, 152 bottom, 154-155, 154 top, 154 bottom Courtesy of the Belmond Hotel Caruso
Page 153 Anne Conway/Archivio White Star
Page 156 Courtesy of the Lešic Dimitri Palace
Page 157 Bertrand Gardel/Hemis.fr/Corbis
Page 158 top Alfio Garozzo/Archivio White Star

Page 158 bottom artubo/iStockphoto
Page 159 Courtesy of the Mystique Resort
Page 160 top Siegfried Kuttig/imagebroker/Age Fotostock
Page 160 bottom Courtesy of the Exclusive Gulets
Page 161 Siegfried imagesandstories/Blickwinkel/Age Fotostock
Page 162 top Antonio Attini/Archivio White Star
Page 162 bottom Courtesy of the Hotel Alfonso XIII
Page 163 Antonio Attini/Archivio White Star
Page 164 top M&G Therin-Weise/Age Fotostock
Page 164 bottom Salva Garrigues/Age Fotostock
Page 165 Nick K/Shutterstock
Page 166 Rui Vale De Souse/123rf
Page 167 Gunter Hoffmann/123rf
Pages 168-169 Nicola Zingarelli/Moment Open/Getty Images
Pages 169 top, 169 bottom Courtesy of the Aldeia da Cuada
Page 172 Courtesy of the One&Only Royal Mirage
Page 173 dblight/iStockphoto
Pages 174, 175 Marcello Libra/Archivio White Star
Page 176 Massimo Borchi/Archivio White Star
Pages 177 top, 177 bottom Courtesy of the Evason Ma' In Hot Springs, Six Senses Resort & Spa
Page 178 top Karol Kozlowski/123rf
Page 178 bottom Courtesy of the Ksar Char-Bagh
Page 179 Urs Flueeler/Zoonar/Age Fotostock
Pages 180 top, 180 bottom, 181 Marcello Bertinetti
Pages 182 top, 182 bottom, 183 top, 183 bottom Dylan Chandler, Courtesy of the Nour el Nil
Pages 184 top, 184 bottom, 185, 187 Courtesy of the Frégate Island Private/Oetker Collection
Pages 186-187 Cornelia Doerr/Getty Images
Page 188 top Frans Lanting/National Geographic Creative
Page 188 bottom Michael Poliza/National Geographic Creative
Page 189 Bill Bachmann/Age Fotostock
Page 190 top Adam Jones/Getty Images
Page 190 bottom Dustie/Shutterstock
Pages 191 top, 191 bottom Courtesy of the Cottar' s 1920s Camp
Page 192 Hector Conesa/123rf
Page 193 Suzi Eszterhas/Minden Pictures/National Geographic Creative
Pages 194 top, 194 bottom, 195 top, 195 bottom Courtesy of the Singita Serengeti
Pages 196 top, 196 bottom, 197, 198, 199 top, 199 bottom Courtesy of the Constance Tsarabanjina Resort
Pages 200 top, 200 bottom Courtesy of the Le Touessrok
Page 201 Iconodec/Alamy/IPA
Page 202, 203, 204, 204 Courtesy of the Royal Livingstone Hotel
Page 205 John Warburton-Lee/Getty Images
Page 206 Niels van Gijn/JAI/Corbis
Pages 207 top, 207 bottom Courtesy of the Dana Allen/Little Mombo Camp
Page 208 top Sergio Pitamitz/Hemis.fr/Corbis
Page 208 bottom Courtesy of the Dana Allen/Little Mombo Camp
Pages 209 top, 209 bottom Courtesy of the Dana Allen/Little Mombo Camp
Page 210 top Michelle Sole/Shutterstock
Pages 210 top, 211 Courtesy of the Sabi Sabi Private Game Reserve
Pages 212 top, 212 bottom, 213 McPhoto/IQ Images/Age Fotostock
Pages 214 top, 214 bottom, 215 top, 215 bottom Courtesy of the Dunes Lodge (Wolwedans Collection)/NamibRand Safaris
Page 218 top Wave Royalty Free/Age Fotostock
Page 218 bottom Courtesy of the Nita Lake Lodge
Page 219 John Pitcher/iStockphoto
Pages 220 top, 220 bottom, 221 Courtesy of the The Resort at Paws Up
Page 222 top jovannig/Kalium/Age Fotostock
Page 222 bottom Courtesy of the The Wauwinet
Page 223 Raymond Forbes/Age Fotostock
Page 224 John Greim/Age Fotostock
Pages 224-225 Jihan Abdalla
Page 226 top Jared Ropelato/Shutterstock
Page 226 bottom Courtesy of the Kodiak Greenwood/Cavallo Point
Page 227 fcarucci/iStockphoto
Pages 228 top, 228 bottom Courtesy of the Kodiak Greenwood/Cavallo Point
Page 229 Andrew Zarivny/123rf
Page 230 top phbcz/iStockphoto
Page 230 bottom Courtesy of the Moab Under Canvas
Page 231 Doug Meek/Shutterstock
Page 232 lightpix/iStockphoto
Pages 232-233 Francesco R. Iacomino/Shutterstock
Page 234 top Henryk Sadura/Tetra Images/Age Fotostock
Page 235 bottom Kord.com/Age Fotostock
Page 235 Richard Ellis/Age Fotostock
Page 236 top Dave Allen Photography/Shutterstock
Page 236 bottom Blaine Harrington III/Corbis
Pages 237 top, 237 bottom Courtesy of the Wentworth Mansion/Charming Inns
Page 238 top Courtesy of the Little Palm Island Resort & Spa
Page 238 bottom Kord.com/Age Fotostock
Page 239 Tom Stack/WaterFram/Age Fotostock
Page 240 Image Source/Getty Images
Pages 240-241 David Doubilet/National Geographic Creative
Page 242 top Sorin Colac/123rf
Page 242 bottom Courtesy of the Las Ventanas al Paraiso
Page 243 Christopher Swann/Specialist Stock RM/Age Fotostock
Pages 244 top, 244 bottom Courtesy of the Edgardo Contreras/L'Ôtel San Miguel de Allende
Page 245 Craig Lovell/Ramble/Age Fotostock
Page 246 top Massimo Borchi/Archivio White Star
Page 246 bottom Courtesy of the Hacienda Temozón
Page 247 Antonio Attini/Archivio White Star
Page 248 top Bobby Haas/National Geographic Creative
Page 248 bottom Olivera Rusu per Cayo Espanto -www.aprivateisland.com
Page 249 Norbert Probst/imagebroker/Age Fotostock
Pages 250-251 Juan Carlos Munoz/Age Fotostock
Page 252 Ramunas Bruzas/Shutterstock
Pages 253 top, 253 bottom Courtesy of the One&Only Ocean Club
Page 254 top Doug Pearson/JAI/Corbis
Page 254 bottom Alvaro Leiva/Age Fotostock
Page 255 Courtesy of the Round Hill Hotel & Villas
Page 256 Peter Phipp/Age Fotostock
Page 257, 259 top, 259 bottom Courtesy of the Sea Cloud Cruises/Hansa Treuhand Group
Page 258 top Neil Emmerson/Robert Harding Picture Library/Age Fotostock
Page 258 bottom Norbert Probst/imagebroker/Age Fotostock
Page 260 top Edwin Giesbers/naturepl.com/BlueGreen
Pages 260 bottom, 261 Courtesy of the Pacuare Lodge
Page 262 Pete Oxford/Minden Pictures/National Geographic
Page 263 Danita Delimont Stock/Age Fotostock
Pages 264, 265 top, 265 bottom Courtesy of the La Selva Amazon Ecolodge & Spa
Page 266 top Antonio Attini/Archivio White Star
Page 266 bottom Courtesy of the La Casona/Inkaterra
Page 267 Danita Delimont Stock/Age Fotostock
Pages 268, 269 Courtesy of the Piero Zolin/Uxua Casa Hotel & Spa
Pages 270 top, 270 bottom Courtesy of the Alto Atacama Desert Lodge & Spa
Page 271 holgs/iStockphoto
Page 272 top Alfio Garozzo/Archivio White Star
Page 272 bottom Courtesy of the El Calafate Design Suites
Page 273 Pichugin Dimitri/Shutterstock

| 著者 |

ジャスミーナ・トリフォーニ
Jasmina Trifoni

旅行・観光を専門とするジャーナリスト。10年間、イタリアのMeridiani誌に勤務したあと、イタリアの観光専門誌に寄稿。著書に、旅行書としてThe Great Cities of the World、80 Islands to Escape to … and Live Happily Ever After、The World's 100 Best Adventure Trips（White Star Publishers）などがある。

| 訳者 |

岡崎 秀
Hide Okazaki

慶応義塾大学文学部仏文科卒。英仏語翻訳家。雑誌編集を経て翻訳に携わり、その後フランスに15年滞在。訳書に『一00年前の世界一周』『世界の市場めぐり』『ビジュアル年表で読む 西洋絵画』（日経ナショナル ジオグラフィック社）がある。

ナショナル ジオグラフィック協会は、米国ワシントンD.C.に本部を置く、世界有数の非営利の科学・教育団体です。

1888年に「地理知識の普及と振興」をめざして設立されて以来、1万件以上の研究調査・探検プロジェクトを支援し、「地球」の姿を世界の人々に紹介しています。

ナショナル ジオグラフィック協会は、これまでに世界40のローカル版が発行されてきた月刊誌「ナショナル ジオグラフィック」のほか、雑誌や書籍、テレビ番組、インターネット、地図、さらにさまざまな教育・研究調査・探検プロジェクトを通じて、世界の人々の相互理解や地球環境の保全に取り組んでいます。日本では、日経ナショナル ジオグラフィック社を設立し、1995年4月に創刊した「ナショナル ジオグラフィック日本版」をはじめ、DVD、書籍などを発行しています。

ナショナル ジオグラフィック日本版のホームページ
nationalgeographic.jp

日経ナショナル ジオグラフィック社のホームページでは、音声、画像、映像など多彩なコンテンツによって、「地球の今」を皆様にお届けしています。

ROMANTIC and DREAM VACATIONS

by Jasmina Trifoni

WHITE STAR PUBLISHERS

WS White Star Publishers® is a registered trademark property of De Agostini Libri S.p.A.

Japanese translation published
By Nikkei National Geographic Inc.

一生に一度だけの旅 GRANDE

大切な人と過ごす贅沢ステイ

2015年5月18日　第1版1刷

著者	ジャスミーナ・トリフォーニ
訳者	岡崎 秀
編集	尾崎 憲和　国谷 和夫
装丁	汐月 陽一郎　堀越 友美子（chocolate.）
制作	朝日メディアインターナショナル
発行者	中村 尚哉
発行	日経ナショナル ジオグラフィック社
	〒108-8646　東京都港区白金1-17-3
発売	日経 BP マーケティング
印刷・製本	日経印刷

ISBN978-4-86313-311-2
Printed in Japan

本書の編集にあたっては最新の正確な情報の掲載に努めていますが、詳細は変更になっていることがありますので、旅行前にご確認ください。また、一部にはテロや紛争などの危険性が高い地域も含まれます。外務省の渡航関連情報などを参考に、計画を立てることをお勧めします。